피곤한 게
아니라
우울증입니다

피곤한 게
아니라
우울증입니다

마음의 병이 찾아온 평범한 직장인의
정신과 상담 이야기

가메히로 사토시, 나쓰카와 다쓰야 지음 | 이은혜 옮김

Kyra

어서 오세요.
여기는 정신과 클리닉입니다.

'정신과'라고 하면 여러분은 어떤 이미지가 떠오르나요?

- 무섭다
- 문턱이 높다
- 나와는 상관없는 곳이다

마음의 병은 누구에게나 찾아올 수 있습니다.

나 자신은 물론 내 곁의 소중한 사람도 예외일 수 없습니다.

하지만 여전히 정신과는 대부분의 사람에게 먼 이야기입니다.

마음의 병을 방치하면 더 심각한 문제로 발전할 수 있음에도 이런

저런 이유로 정신과에 가기를 망설이는 분들을 위해 이 책을 썼습

니다.

지금부터 얼떨결에 정신과 클리닉을 찾게 된 스물일곱 살 평범한 직장인이 마음의 병과 우울증이 무엇인지를 배우고 우울 상태를 치료하며 회복해가는 과정을 찬찬히 살펴보려 합니다. 그 과정에서 병을 이해하는 것부터 의학 이론에 근거를 둔 호흡법, 생활 지도, 인지 행동 치료로 약에 기대지 않고 우울증을 다루는 법에 이르기까지 하나하나 알아가게 될 것입니다.

열심히 일하며 살아가던 평범한 사람이 겪은 평범하지 않은 이야기. 함께 읽으며 마음의 작은 위로와 희망을 얻기를 바랍니다.

contents

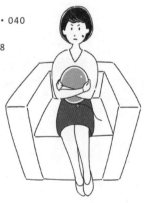

2부 우울에서 벗어나다

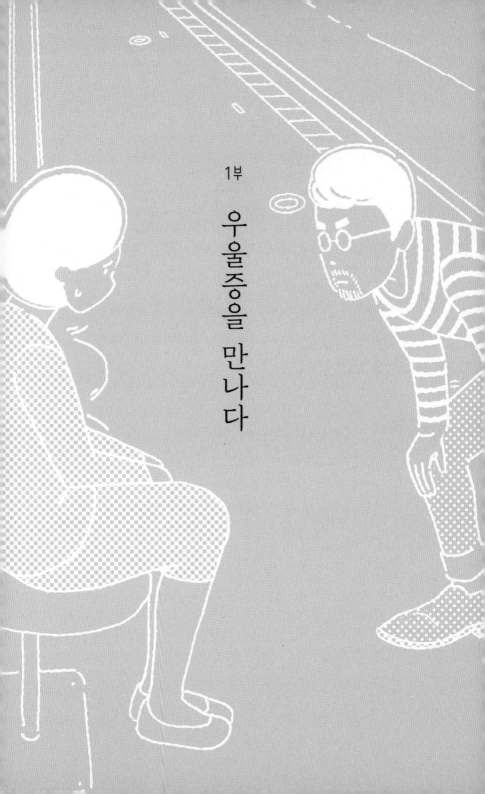

1부

우울증을 만나다

내 이름은 하레노 히나타.

'볕이 잘 드는 맑은 날'이라는 뜻이다. '맑은 날'을 의미하는 '하레노'는 매우 드문 성으로, 어린 시절 "이름까지 볕이 잘 드는 양지라고 한 것은 너무 과하지 않냐"며 아버지께 투정을 부린 적이 있다. "음지보다는 낫잖아"라던 아버지의 대답이 지금도 생생하다. 그렇지만 같은 반 남자애들에게 "성격은 어두운데 이름은 맑은 날이래!"라며 놀림 당할 때는 "왜 이름을 이렇게 지었냐?"고 부모님께 대들곤 했다.

지금은 대학 졸업 후 작은 광고대행사에서 일하는 스물일곱 살의 5년차 영업 사원이다. 매일 사회의 거친 파도에 맞서 죽을 힘을 다해 버티고 있다.

지하철에서
쓰러질 뻔하다

　월요일 아침, 평소처럼 집을 나섰다. 늘 그랬듯 역까지 걸어가서 같은 시각에 지하철에 올라탔다. 창밖으로 평소와 똑같은 풍경이 지나갔다. 날이 좋았으니 하늘은 분명 파랬을 것이다. 하지만 내 기억은 온통 흑백이다. 마치 색을 잃어버린 모래 그림처럼.

　콩나물 시루 같은 출근길 지하철에서 옴짝달싹 못 하는 상태로 겨우 출입문 옆 손잡이를 잡고 서 있는데 밀어넣기 시합이라도 하듯 한 무더기 사람들이 또 밀고 들어왔다.

　'답…답…해……'

　갑자기 속이 울렁거리고 갈비뼈 바깥쪽이 두근대기 시작했다. 눈을 감았다. 쓰러질 것 같아서 손잡이를 꽉 움켜쥐었다. 몸이 덜덜 떨리고 식은땀이 축축이 배어 나왔다. 거친 숨을 몰아쉬면서 간신히 정신을 붙잡고 있었으나 더는 버틸 수 없을 것만 같았을 때 지하철 문이 열렸다. 나는 튕겨 나가듯 지하철에서 내렸다.

늘 내리던 곳이 아닌, 처음 와본 역이었다.

나는 벤치 앞에 무릎을 꿇고 오른팔을 의자에 올려 기댄 채 고개를 숙이고 주저앉아버렸다. 의식이 몽롱한 가운데 사람들이 지나쳐 가는 기색만 겨우 느껴졌다. 그때 누군가의 목소리가 희미하게 들렸다.

"괜찮아요?"

천천히 고개를 들었다.

찢어진 청바지에 줄무늬 티셔츠를 입은 아저씨가 눈에 들어왔다. 몸을 구부려 나를 빤히 보고 있었다. 한껏 멋 부린 검은 뿔테 안경에 앞코가 뾰족한 구두는 반짝반짝 광이 났다. 역무원일 것이라고 생각했던 예상과 전혀 달라서 굳어버리고 말았다.

"어디 불편한가요?"

다시 묻는 소리에 정신이 들어 대답했다.

"괜, 괜찮⋯아요."

조금도 괜찮지 않았지만 이 상황에서 '괜찮지 않다'고 해봤자 민폐만 끼칠 뿐이다. 나는 잠시 쉬면 분명 괜찮아질 것이라며 벤치에 올라앉아 다시 고개를 숙였다.

'요즘 특히 바쁘긴 했지. 너무 피곤했나봐.'

몸 상태를 진정시키려고 눈을 감고 깊게 심호흡을 했다. 몇 번 반복하니 조금씩 안정되기 시작했다. 다시 두세 번 크게 심호흡을 하자 머리가 한결 맑아져서 회사에 연락했다.

"지하철을 탔는데 갑자기 속이 안 좋아졌어요. 내려서 잠시 쉬었다 바로 들어가겠습니다."

상사와 짧게 통화한 후 천천히 고개를 들어보니 놀랍게도 그 아저씨가 아직 있는 게 아닌가! 그는 두 자리 떨어진 곳에 앉아 나를 지켜보고 있었다.

"정말 괜찮아요?"

그는 다시 물었다. 어쩐지 괜찮지 않다는 걸 안다는 듯한 말투다. 경계심이 발동했다. '이상한 사람 아니야?' 아침 댓바람부터 그런 사람이 돌아다닐 리 없을 것 같으면서도 한편으로 여성을 노리는 범죄자는 언제 어디에 출몰해도 이상하지 않다는 생각이 들었다. 진심 어린 친절이라도 지나치면 부담스러운 법. 나는 일단 감사 인사를 하고 얼른 자리를 뜨기로 했다. 다행히 일어설 수 있을 것 같았다.

"괜찮아요. 감사합니다."

일어서려는 순간 그의 목소리가 들렸다.

"저, 의사예요."

'의사?!'

피로가 아니라
마음의 병?

'찢어진 청바지잖아! 전혀 의사 같지 않은데?'라고 의심하면서 물끄러미 그를 바라봤다. '의사'라는 말에 나도 모르게 멈칫한 것은 갑자기 식은땀이 나고 심장이 두근거리고 현기증에 오한까지, 조금 전 나타난 증상 탓에 불안했기 때문인지도 모른다. 그가 다시 입을 열었다.

"이런 곳에 주저앉아 있는 것을 보니 어디 안 좋은가 싶어서요."

"갑자기 속이 안 좋아졌어요."

"갑자기요?"

"네, 만원 지하철에서 압박 당해서인지 속이 울렁거리고 쥐어짜는 듯이 죄어오더니 어지럽고 심장이 두근대서……."

안경 너머로 그의 눈이 반짝였다.

"혹시 최근에 많이 바빴나요?"

어떻게 알았을까? 의사라는 말에 마음이 놓였는지 나는 요즘 시작한 방문 영업에 잘 적응하지 못해 스트레스가 심하다고 털어놓았다. 뿐만 아니라 월 할당량을 채우지 못하면 다음 달에는 매일 외근을 마치고 회사에 돌아와서 야근하며 다음 날의 업무계획표를 제출해야 한다는 불평도 늘어놓았다. 그가 고개를 끄덕이며 두서 없는 내 말을 잘 들어주어서였을까? 이상할 정도로 이런저런 많은 이야기가 튀어나왔다. 한바탕 쏟아내자 그가 물었다.

"밤에 잠은 잘 자나요?"

그러고 보니 요즘 잠을 푹 자지 못했다. 그저께도 알람이 울리기 한 시간 전에 눈이 떠졌다. 전에는 없던 일이다. 더는 잠이 오지 않을 것 같아서 출근 준비를 하려는데 몸이 말을 듣지 않았다. 물먹은 솜처럼 몸이 무거웠다. 있는 힘을 쥐어짜서 겨우 침대에 걸터앉았다. 한참을 그러고 있다가 알람 소리에 놀라 출근 준비를 하고 기듯이 집을 나섰다고 이야기했다.

"그랬군요. 그럼 보통 아침에는 기분 좋게 일어나나요?"

'그러고 보니 그렇지도 않네.' 나는 잠시 생각한 뒤에 대답했다.

"눈을 떴을 때 배 위에 묵직한 모래주머니가 있는 듯 느껴질 때가 있는데 그런 날은 더 일어나기 힘들어요."

"음, 스트레스가 상당한 모양이군요."

화려한 검은 테 안경 속 눈빛이 예리하게 빛났다. 나는 하고 싶은 말이 많아져서 계속 이야기를 이어갔다.

"아침에 일어나면 속이 울렁거려요. 뭔가 움직이는 듯한 느낌이 들 때도 있어요."

"그렇군요."

"심장과 갈비뼈 사이 좁은 부분에 고름이 찬 것처럼 이물감이 느껴져서 덜컥 겁이 난 적도 있어요. 그래서 가까운 병원에 가봤어요."

"뭐라고 하던가요?"

"별 이상 없다고 했지만 무슨 문제가 생긴 건 아닌지 걱정돼요."

대략적인 상태를 들은 후 그는 한마디로 말했다.

"내장 질환 때문이 아닙니다."

"정말이요?"

어디가 안 좋은가 걱정하던 나는 직업이 의사라는 이 아저씨의 말에 조금 마음이 놓였다.

"병이 아니구나! 그럼 역시 피로가 쌓인 걸까요?"

"아니, 병은 아니지만 그냥 피로가 쌓인 것도 아니고……."

병이라는 거야 아니라는 거야? 그의 모호한 말에 머리 위로 물음표가 둥둥 떠다녔다.

"마음이 좀 약해진 것 같아요."

마음이 약해져? 마음의 문제라고는 생각지도 못했던 나는 놀라서 되물었다.

"네? 그냥 피곤해서 그런 게 아니고요?"

그러자 그가 분명하게 대답했다.

"아니, 정신적인 문제일 수 있어요. 우리 병원에 한번 들러요."

"병원이요?"

"마음을 고치는 병원, 정신과 클리닉이에요."

그의 입에서 선뜻 나온 '정신과'라는 단어를 듣자 문득 작년에 정신적 문제로 장기 휴직에 들어간 회사 선배가 떠올랐다. 그 선배는 그늘져 보였으며 열정이라고는 전혀 느껴지지 않았다. 늘 축 처져서 멍하니 있거나 흐리멍덩한 눈을 하고 있었다.

아무리 그래도 지금 내가 그 정도는 아니다. 나는 당황하며 부정했다.

"정신과에요? 아니, 괜찮습니다."

"괜찮지 않아요. 마음이 약해져서 몸에 증상이 나타나기 시작한 것 같으니까. 그냥 두면 안 됩니다."

"무슨 말씀을 하시는 거예요? 정신적 문제라고요? 그럴 리 없어요."

"처음에는 다들 그렇게 생각해요. 하지만 실제로 몸이 안 좋아서 이렇게 주저앉아 있지 않습니까."

'그렇기는 하지만……. 그건 피로가 쌓여서 그런 거야. 마음이라니?'

내가 입을 꾹 다물고 있자 그가 다시 말했다.

"누구에게나 있을 수 있는 일이에요. 마음에 골절이 생긴 거나 마찬가지예요."

마음의 병을 '마음의 감기'라고 표현하는 건 들어봤는데 '마음의 골절'은 또 뭐야?

그래도 골절이라고 하니 조금 가벼운 느낌이 들었다. 마음의 병이라고 해서 뭔가 겁나고 어려운 병명이 나올 줄 알았는데 그렇지도 않네. 무엇보다 골절이라면 금방 나을 수 있지 않을까?

"마음 또한 우리가 모르는 사이에 돌부리에 걸리기도 하고 넘어지기도 하는데, 운이 나쁘면 부러지기도 해요. 누구에게나 일어날 수 있는 일이죠."

'누구에게나 일어날 수 있다'라는 말을 들으니 마음이 한결 더 가벼워졌다. 정신적 문제는 마음이 약한 사람한테나 생기는 병이라고 생각해 더 인정하기 싫었는지도 모른다.

"그러니까 정신과라고 해서 그렇게 바짝 긴장할 필요 없어요."

나는 그를 바라보며 최근의 내 모습을 돌이켜 봤다.

'그러고 보니 얼마 전부터 의욕이 없을 때가 많았지. 종일 위가 아파서 아무것도 못 한 적도 있었다. 아침에 일어나지 못하는 내가 싫다는 괜한 자책에 짓눌려 버릴 것 같기도 했어. 나도 모르게 갑자기 눈물이 나고 '악!'하고 소리 지르고 싶을 때도 있었잖아.'

최근에 있었던 일들이 뇌리를 스쳐갔다. 나는 마음을 가다듬고 대답했다.

"긴장할 필요 없다고 해도 정신과라면 아무래도 부담스러워요."

그는 억지로 설득하려 하지 않았다. 이미 승부가 정해진 경기에서 마지막으로 상대에게 가벼운 일격을 가하듯 부드럽게 말을 이었다.

"그럼, 지하철역에서 한눈에 반했다며 쫓아온 사람과 가볍게 차 한잔하러 간다는 생각으로 와요."

그건 더 불편하거든요! 망설이는 내 모습에 아랑곳하지 않고 그는 계속 말했다.

"다음 주 토요일 오후 1시는 어때요?"

"네? 아, 뭐……."

그리고 명함 한 장을 내밀었다. 명함에는 '보봇 메디컬 클리닉 원장 가메히로 사토시'라고 적혀 있었다.

"가메히로 선생님?"

"네, 달리기 경주에서 토끼를 이긴 거북이, 가메히로입니다."('가메[龜]'는 거북을 의미한다._옮긴이)

아…… 아저씨들의 재미없는 말장난……. 그런 생각을 하며 나도 반사적으로 명함을 꺼내 내밀었다.

'횡설수설하는 것 같지만 순간순간 카리스마가 느껴진단 말이지. 꼭 무슨 도사 같아.'

나는 속으로 그에게 '무천도사(만화 『드래곤볼』에 등장하는 거북 선생 캐릭터._옮긴이)'라는 별명을 붙였다.

"하레노 히나타 씨, 기다리고 있겠습니다."

"무천 아니 가메히로 선생님, 아, 네……."

이런 우연과 필연으로 인해 나는 내 인생과는 전혀 상관 없을 줄 알았던 정신과에 난생 처음 발을 들여놓았다.

갑자기 가슴이 답답해서 주저앉은 적이 있나요?

길을 걸어가다가 혹은 버스나 지하철에서 가슴이 조여오고 쓰러질 것 같은 느낌을 받기도 했나요? 일반 병원에서 검사를 받아도 몸에는 아무 이상이 없다고 합니다.

그렇다면 마음의 문제일 수 있습니다.

단순히 피로가 쌓여서 그럴 것이라고 단정짓지 말고 스스로의 상태를 살펴보세요. 잠깐 마음에 골절이 생긴 것인지도 모릅니다. 특별히 당신이 이상해서가 아니에요. 넘어져서 발목이 골절되는 것과 마찬가지로 누구에게나 언제든 생길 수 있는 일입니다.

정신과의
문턱을 넘다

무천도사를 만난 후로 인터넷에서 이것저것 알아보다 나는 깜짝 놀랐다. 최근 내가 겪은 증상이 정신적 문제로 힘들어하는 사람들의 이야기와 정확히 일치했기 때문이다.

"나도 그런데……."

다른 이들의 증상을 보며 몇 번이나 이렇게 중얼거렸는지 모른다. 예약한(정확히 말하면 억지로 예약당한) 날짜가 다가올수록 한번 가보는 게 좋겠다는 생각이 점점 강해졌다.

무천도사의 정신과 클리닉은 그를 만난 역에서 세 정거장 떨어진 곳에 있었다. 승강장에서 에스컬레이터를 타고 올라와 개찰구를 빠져나가자마자 보이는 큰 건물에 있었다. 그 옆으로는 커다란 쇼핑몰이 있었다. 예전 같으면 화려한 쇼윈도에 홀려 넋이 나갔을 텐데

요즘에는 어쩐지 그런 것에 눈길이 가지 않았다.

'입구를 나와서 왼쪽이랬지.'

속으로 중얼거리며 왼쪽으로 방향을 틀었다. 오래된 듯 보이는 건물을 향해 걷다 보니 그냥 돌아갈까 싶은 마음이 슬금슬금 고개를 들기 시작했다.

'역시 정신과는 좀 거북해. 단순히 기분 탓인지도 모르는데…….아니야, 확실히 정신적 문제로 생기는 증상인 것 같아. 여기까지 왔는데 돌아갈 수도 없지.'

"정신과에 가면 대부분 우울증 진단을 받고 약을 처방받는 게 전부야."

예전에 친구에게 들은 말이 머릿속에 맴돌았다. 끔찍하게 싫은 방문 영업을 하러 나선 것처럼 발걸음이 무거웠다. 망설이는 마음과 상관없이 어느새 병원 앞에 서 있었다. 문을 살며시 밀었더니 부드럽게 열렸다.

문 안쪽으로 바깥과 다른 고요한 세상이 펼쳐졌다. 하얀색으로 깔끔하게 꾸며진 접수처로 향하니 여직원이 온화한 목소리로 맞아주었다. 넓은 대기실에는 일인용 의자가 열 개 정도 놓여 있었다.

"와, 예쁜 의자네!"

나도 모르게 작은 감탄사가 흘러나왔다. 독특한 디자인의 철제 의자는 보기에만 멋진 것이 아니라 앉았을 때의 느낌도 좋았다.

여성 가수가 부르는 재즈 음악이 조용히 흘렀다. 그 사이로 가끔

씩 환자를 부르는 나지막한 목소리가 들려왔다. 무천도사의 목소리일 테지. 아무 말 없이 앉아 있던 사람들이 한 명씩 일어나 진료실로 들어갔다.

잠시 뒤 내 이름이 들렸다. 나는 조용히 진료실 문을 열었다.

"안녕하세요?"

무천도사가 웃는 얼굴로 친근하게 인사를 건넸지만 나는 뻣뻣하게 긴장한 채로 답했다.

"저, 지난번에는 가, 감사했습니다."

진료실은 꽤 넓었다. 안쪽에 놓인 크고 화려한 책상에서 그가 내 쪽을 보고 앉아 있었다. 책상 맞은편에 ㄷ자 모양의 소파가 있고 한가운데에는 작은 의자 2개가 딸린 유리 탁자가 놓여 있었다. 탁자 위에 잡지와 신문이 가지런히 쌓여 있었다. 글자가 빼곡히 적힌 화이트보드와 책이 뒤죽박죽 꽂힌 책장도 보였다. 모든 집기가 미니멀한 디자인으로 통일되어 편안한 분위기를 만들어주었다.

좁은 진료실에서 의사와 가까이 마주 앉은 장면을 상상했던 내 예상과는 전혀 달랐다.

'진료실이라기보다 사장실 같은데? 아니, 사장실이라기에는 너무 산만해. 평범한 가정집 거실이라고 할까? 무천도사 방에 놀러 온 느낌이야.'

주위를 둘러보는 내게 그가 말했다.

"일반적인 진료실은 너무 직접적으로 마주 보게 되어 있어요. 그럼 위압감을 줄 수 있지요."

"그렇긴 해요."

"우리는 가능한 한 편안하게 이야기할 수 있도록 위압적인 분위기를 없앴어요. 조명과 방향제에도 신경을 썼고요."

"아, 그런 것치고는 너무 뒤죽박죽인데요?"

마음의 소리가 멋대로 튀어나왔다.

"그래서 이야기하며 이것저것 쳐다볼 수 있잖아요."

확실히 다양한 물건이 있으면 시선을 옮겨가며 편하게 말할 수 있을 것 같았다.

"어디 앉을까요?"

"마음에 드는 곳에 앉아요."

얼떨결에 나는 ㄷ자 모양 소파에 앉았다.

"제일 편안해 보이는 자리에 앉는 게 좋아요. 첫 진료에서는 상담이 길어지니까요."

"길어진다고요?"

"네, 간단히 두세 시간 정도 이런저런 이야기를 할 거예요."

"두세 시간이요!"

나도 모르게 큰소리가 튀어나왔다. 두세 시간이라니! 그렇게 오랜 진료는 난생 처음이었다.

정신과에 가는 것이 두려운가요?

정신과 클리닉을 너무 부담스럽게 여길 필요는 없습니다. 차 한 잔을 마시며 대화를 나눈다는 생각으로 가볍게 방문해주세요. 요즘은 조금이라도 더 편안하고 따뜻한 분위기를 주기 위해 인테리어까지 신경 쓰는 클리닉도 많습니다.

정신과는 마음의 이야기를 하는 곳이니 너무 경직되거나 조급해할 필요가 없어요. 올바른 진단과 치료를 위해 가능한 솔직하게 이야기하는 것이 중요합니다.

정말
우울증일까?

"지금부터 히나타 씨의 증상을 얘기하기 전에 먼저 하나 짚고 갈게요. 초진에서 문진표를 받고 15분 정도 진찰한 후에 바로 약을 처방해주는 클리닉에는 가지 않는 게 좋아요."

"보통 병원이 다 그렇지 않나요?"

"마음의 병은 그런 진찰로는 정확히 알 수 없어요."

"그래요?"

"네, 그리고 여기는 일반 병원이 아니라 정신과 클리닉이에요. 그 차이가 무엇인지 아세요?"

"글쎄요. 병원은 한글이고 클리닉은 영어죠."

어이쿠! 무천도사가 마치 콩트 속 개그맨처럼 휘청거리며 넘어지는 시늉을 했다. 너무나 무천도사다운 반응에 절로 웃음이 나왔다.

"그게 아니라 1차 의료 기관과 2차 의료 기관의 차이예요."

그는 병상 개수로 의료 기관을 구분한다고 간단히 설명했다.[1]

나는 '아……' 하고 고개를 끄덕일 수밖에 없었다.

"그러니까 선생님은 작은 의원을 경영하는 것이군요."

"맞아요. 그 의원의 전문 분야가 정신과인 거죠."

무천도사는 진찰이라기보다는 잡담을 나누듯 대화를 이끌었다. 이미 진찰이 시작됐다는 사실은 한참 뒤에야 깨달았다.

"우리 클리닉은 특히 근로자의 복직 지원이 전문이에요."

"복직 지원이요?"

"네, 정신적 문제로 휴직한 사람이 회사에 잘 복귀할 수 있도록 돕는 거예요. 우리 클리닉은 한 사람 한 사람 신중하게 보려고 직장 관련 정신 질환 환자 외에는 받지 않아요."

"일 때문에 마음에 병이 생긴 사람만 올 수 있다는 건가요? 환자를 골라서 받다니 참 별난 곳이군요."

"어떤 환자든 환영하는 병원이 대부분이지만, 우리는 특화된 한 분야에 집중해서 치료 효과를 높이고 있어요. 그래서 성과가 좋습

---

1   의료 기관은 병상 개수와 진료 과목 등에 따라 1~3차로 나뉜다. 클리닉과 의원은 통칭 1차 의료 기관이다. 1차 의료 기관과 2차, 3차 의료 기관의 가장 큰 차이는 병상 개수다. 2차 의료 기관은 30개 이상의 병상을 갖춰야 하지만 1차 의료 기관은 입원 시설을 반드시 갖출 필요는 없다. 종합병원 및 의과대학 부속병원이 속하는 3차 의료 기관은 500개 이상의 병상을 갖춰야 한다. 그 외에 의사와 전문 직원 배치에도 차이가 있다.

니다."

그가 자신감에 차서 말을 이었다.

"여기서 퀴즈 하나 낼까요? 복직하고 5년 이내에 재발하는 사람이 전국 평균으로 몇 퍼센트나 될까요?"

"갑자기 퀴즈라뇨?"

"대충 대답해도 되니까 말해봐요."

"음…… 그럼, 절반이요."

"정답!"

어이쿠! 그냥 찍었는데 정답이라니. 시트콤 같은 전개에 이번에는 내가 휘청했다.[2]

"그렇게 높아요?!"

5년 안에 절반에 가까운 사람이 재발한다는 말을 듣자 머릿속에 먹구름이 몰려들어 깜깜해졌다. 그 먹구름을 날려주겠다는 듯이 무천도사가 말했다.

"안심해요. 우리 클리닉의 재발률은……."

"네."

"재발률은 말이죠……."

"네."

---

2 2017년 일본 후생노동성 조사에 따르면 우울증 재발에 따른 대기업 직원의 재휴직률은 복직 후 1년 이내는 28.3퍼센트, 2년 이내는 37.7퍼센트, 5년 이내는 47.1퍼센트다. 우리나라의 경우 5년 이내에 우울증 재발률은 75퍼센트에 달한다.

"재발률이……."

무천도사는 시상식 발표자처럼 뜸을 들였다.

"무려 0퍼센트!"

"0퍼센트요?! 정말이요?"

"그럼요. 왜 거짓말을 하겠어요."

"굉장하군요!"

무천도사는 코를 벌름거리며 의기양양한 표정을 지었다. 자신감 넘치는 그를 보니 어쩐지 믿음이 갔다. 좀 더 이야기를 들어봐도 좋을 것 같았다.

무천도사는 이야기를 이어갔다.

"재발률 0퍼센트에는 당연히 이유가 있습니다."

"이유가 뭔데요?"

나는 몸을 앞으로 기울이며 관심을 보였다. 전국 평균 47.1퍼센트인 재발률을 0퍼센트로 유지하고 있다니 믿을 수 없는 일이다.

'도대체 어떤 치료법을 쓰는 거지? 치료법이 아니면 특별한 약이 있나? 아니면 좋은 기계라도 쓰는 건가?'

이런저런 추측을 하는 나를 지긋이 바라보며 그가 말했다.

"제대로 진단하고 올바르게 치료하기 때문이에요."

어이쿠! 또 예상을 빗나가는 답변이다.

"그건 당연한 것 아닌가요?"

엄청난 비법을 들려줄 것이라 기대하고 있었는데 올바른 진단과 치료라니……. 볼을 빵빵하게 부풀리며 투덜거리자 달래듯이 그가 말했다.

"아니, 그게 정신과에서는 현실적으로 쉬운 일이 아니에요."

무천도사는 책상에서 일어나 오른쪽에 놓인 화이트보드로 다가갔다. 빽빽이 적힌 글자를 반쯤 지우고는 검은색 펜으로 '우울 상태'[3]라고 썼다.

"우울 상태로 정신과를 찾는 환자는 질병인 경우와 그렇지 않은 경우로 나눌 수 있어요."

무천도사가 강의를 시작했고 나는 몸을 앞으로 당겨 집중하며 들었다. 학교 수업과 달리 이건 나 자신과 직결된 문제니까 배우고자 하는 의욕이 생겼다. 하지만 쉽게 이해되지 않았다.

"질병이 아닌 우울 상태는 어떤 상태죠?"

"쉽게 말해 그냥 기분이 가라앉은 거예요."

"가라앉아요? 고작 그 정도로 정신과에 오는 사람이 있어요?"

"그럼요, 많습니다. 실연당해서 오는 사람도 있는 걸요."

"그런 일은 저도 자주 겪어요."

"그렇군요."

"아니! 예의로라도 의외라는 반응을 보여줘야 하는 것 아닌가요?"

"하하, 미안해요. 하지만 실제로 실연의 충격으로 내원했다가 다

---

3 '우울 상태'는 우울한 기분과 의욕이 없는 상태가 지속적으로 심하게 나타나는 것이다.

음 예약까지 잡아놓고 2주 후에 이제 아무렇지도 않으니 취소하겠다는 분들이 있어요."

"아……."

"아무튼 그건 누구에게나 있는 일시적 기분 변화이므로 치료 대상이 아니에요."

"그렇겠네요."

"부부 싸움을 했다고 오는 사람도 있어요. 가능하면 그런 상담은 정신과가 아니라 신구 선생을 찾아갔으면 좋겠다고요."

내가 무슨 말인지 몰라 멍하니 있자 그가 물었다.

"TV 프로그램 〈사랑과 전쟁〉 몰라요?"

"모르는데요."

"요즘 젊은 사람들은 모르나봐요? 세상 참 빨리 변하네."

무천도사의 공감할 수 없는 유머 감각과 별개로 나는 그 정도로 편하게 정신과에 오는 사람들이 있다는 말에 깜짝 놀랐다. 강의는 계속되었다.

"우리 클리닉은 대기업을 포함해서 30개 이상의 회사와 고문 계약을 맺었어요. 사원 중에 그런 사람들이 가끔 있죠."

회사가 클리닉과 함께 상담 프로그램을 운영한다면 그럴 수 있겠다는 생각이 들었다.

"아주 심각해서 큰 병원에 갈 정도가 아니라는 전제 하에 우울 상태에 해당하는 질병은 여섯 종류로 구분할 수 있어요."

"여섯 종류요?"

여섯 종류가 많은 것인지 적은 것인지 판단할 수는 없었고 그저 '역시 나도 우울증인가' 싶어 불안과 걱정이 교차했다.

"치매도 우울 상태로 보는 경우가 있는데 우리 클리닉에서는 진료하지 않으니까 제외하겠습니다."

그러고는 화이트보드에 여섯 가지 질병을 써 내려갔다.

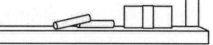

- 양극성 장애
- 주요 우울 장애(우울증)
- 우울 반응(신경 발달 장애 동반 질환으로 넓은 의미의 적응 장애 포함)
- 증후성 우울 상태
- 정신분열형 우울 상태
- 약물성 우울 상태

어렵고 심각해 보이는 병명을 보니 압박감이 느껴졌다.

"이 가운데 실제로 항우울제가 듣는 병은 딱 하나, 주요 우울 장애(우울증)밖에 없어요."

이해가 잘 되지 않아 다시 물었다.

"음…… 무슨 말이죠?"

"즉 많은 사람이 우울 상태에만 초점을 맞춰 '우울증'이라 진단받고 우울증에만 듣는 항우울제를 처방받고 있다는 거예요."

"그건 심각한 문제 아닌가요?"

"맞아요. 항우울제로 낫지 않는 경우가 많거든요. 실제로 다른 병원에서 우울증 치료를 받다가 우리 클리닉으로 옮긴 환자가 지금까지 540명 정도 돼요."

"그렇게나 많아요?"

"그만큼 상태가 호전되지 않은 장기 요양 환자가 많다는 말입니다."

놀라운 실태에 나는 할 말을 잃었다. 침묵을 깬 건 부천도사였다.

"여기서 또 퀴즈!"

"또 퀴즈예요?"

"다른 병원에 다니다 온 환자 대부분이 우울증 진단을 받고 항우울제나 수면제를 복용하고 있었는데, 그중 실제로 우울증 환자는 몇 명이었을까요?"

음……. 알 길이 없었지만 우울 상태가 여섯 종류라는 말이 떠올라 대답했다.

"혹시 6분의 1쯤 아닐까요?"

"땡!"

"하긴 전문의의 진단이었으니까 아무래도 더 많았겠죠?"

"아니요, 정답은 두 명이에요."

"두 명이요?! 540명 중에 고작 두 명이었다고요? 그럼 겨우 0.37 퍼센트라는 건데요!"

나는 어릴 적 주산학원에 다닌 덕분에 암산을 잘했다. 그가 눈을 동그랗게 뜨고 말했다.

"히나타 씨, 계산이 엄청 빠르군요."

"예전에 주산을 배웠거든요."

누구나 특기가 하나쯤은 있기 마련이다. 무천도사가 자세를 바로 잡고 다시 말을 이어갔다.

"그러니까 히나타 씨도 증상이 더 심해지고 나서 다른 정신과에 갔으면 우울증 진단을 받고 항우울제를 처방받았을지도 모른다는 거예요."

"생각만 해도 끔찍해요."

이렇게 말하다 갑자기 떠오른 생각이 있었다.

"그럼 저는 우울증이 아니라는 건가요? 우울증이 확실하다고 생각했거든요."

"아마, 아닐 겁니다."

"그럼 제 병명은 뭔가요?"

"자, 재촉하지 말아요. 마음의 병은 병명이 오히려 억측을 불러일으키니까 성급하게 알려고 하지 않는 게 좋아요."

"그래요?"

"네, 치료하면서 천천히 가르쳐줄 테니 걱정하지 말아요."

"네……."

여전히 찜찜했지만 확신 넘치는 의사의 말을 믿어보기로 했다.

"아무튼 항우울제는 실제로 우울증에 효과가 있어요. 하지만 몇 년이나 항우울제를 복용했는데도 나아지지 않는 사람은 우울증이 아닐 확률이 꽤 높아요."

"오진이란 말인가요? 어떻게 그렇게 오진이 많을 수 있죠?"

"그건…… 아마 '우울증'이 제일 쉬운 병명이기 때문일 겁니다."

말하기 난처하다는 듯이 대답하는 무천도사를 더 물고 늘어졌다.

"쉬운 병명이요? 그게 무슨 의미인가요?"

"아니, 그게……."

"병명에 쉽고 어려운 게 있어요?"

"뭐……."

"그럼, 반대로 어려운 병명은 뭔데요?"

"예를 들면…… 척추관협착증 같은 것?"

"그건 그냥 발음이 어려운 거잖아요. 장난치지 말고 진지하게 대답해주세요."

"자, 나중에 다 설명할 테니까 기다려요."

"신경 쓰이는데요."

"초조해하지 말아요. 진찰은 아직 안 끝났어요. 일단 좀 쉴까요?"

무천도사가 내선 전화로 차를 부탁했다. 잠시 뒤 접수처에 있던

직원이 찻잔 두 개를 쟁반에 받쳐 들고 들어왔다.

찻잔을 받아서 뚜껑을 열자 김이 피어올랐다. 공기 중으로 퍼져 나가는 김을 물끄러미 바라보며 내가 판도라의 상자를 열어버린 건 아닐까 하는 생각이 들었다.

~~~~~~

우울 상태가
모두 우울증은 아니다

천천히 차를 마시면서 시계를 보니 벌써 두 시를 향해 가고 있었다. 초진은 두세 시간 정도 걸린다고 해서 놀랐는데 순식간에 한 시간이 지나간 것이다. 그때 무천도사가 찻잔을 한 손에 들고 "찻잎이 똑바로 섰어요! 야호!"하며 기뻐했다.

"아무한테도 말하지 않고 다 마셔야 행운이 온다던데요."

내 말에 그가 아차, 하는 표정을 지었다. 소탈한 옆집 아저씨 같은 모습이 친근하게 느껴졌다. 그가 입을 삐죽거리며 응수했다.

"줄기 부분이 물을 흡수해서 한쪽이 무거워지기 때문에 찻잎이 서는 현상이 생기는 거예요."

꼭 알고 싶지도, 알 필요도 없는 이론을 의기양양하게 늘어놓았다.

"줄기가 섞인 저렴한 차를 팔기 위한 마케팅 전략으로 찻잎이 서면 운이 좋다는 소문을 퍼트렸다는 설도 있죠."

박식함을 자랑하며 신이 난 무천도사에게 나는 단도직입적으로
물었다.

"그건 그렇고, 왜 '우울증'이 쉬운 병명이라는 거죠?"

어느새 진지한 표정으로 바뀐 그가 말했다.

"사실, 지금 한 이야기가 우울증과 연관 있어요."

"찻잎 이야기가요?"

"네, 찻잎이 서면 운이 좋다는 말은 정말 행운이 오는지가 중요한
게 아니라 그렇게 믿는지 아닌지의 문제잖아요."

"네, 그렇죠."

"모두가 찻잎이 서면 행운이 온다고 믿으니까 '찻잎=행운'이란
공식이 성립하는 거예요."

"알 것 같기도 하고…… 좀 아리송해요."

고개를 갸웃거리는 나를 보며 무천도사는 생각지도 못한 예를 들
었다.

"왕꿈틀이 젤리를 뜯었는데 유난히 긴 대왕꿈틀이가 나오면 운
이 좋다고 생각하는 것처럼요."

"네? 더 모르겠는데요."

"그래요? 왕꿈틀이 안 좋아해요? 좋은 예라고 생각했는데."

"그러니까 우울증이라고 말하면 환자들이 쉽게 이해하니까 우울
증이라고 진단한다는 말인가요?"

"간단히 말하면 그런 거예요."

"차나 젤리와 질병을 같이 놓고 생각할 수 있나요?"

설명이 잘 와닿지 않아 되묻는 내게 그가 대답했다.

"정신과 클리닉 가운데 15분 정도의 초진으로 진단을 내리는 곳이 있어요. '우울증인 것 같아요'라며 찾아온 환자 말에 편승해서 우울증이라고 진단하고 바로 약을 처방해주는 거죠."

"진찰을 잘해서 그런 것 아닌가요?"

"히나타 씨, 애당초 본인이 우울증일지도 모른다는 생각에 클리닉을 찾아서 역시나 우울증으로 진단받았다면, 우울증이 대체 어떤 병이냐고 묻는 사람이 있을까요?"

"음, 없겠죠."

"아까 화이트보드에 쓴 여섯 종류의 우울 상태 가운데 우울증 말고 다른 병명으로 진단하면 그것을 설명하고 이해시키는 데에 시간이 얼마나 걸릴까요?"

"확실히 15분으로는 어렵겠군요."

"그렇죠. 게다가 대부분 우울증에는 항우울제와 안정이 기본이라는 인식을 갖고 있어요. 그래서 약을 처방하며 안정을 취하라고 하면 쉽게 받아들입니다."

"확실히 우울증으로 진단하는 게 쉽고 편할 수 있겠어요."

내가 어느 정도 이해하는 듯하자 무천도사가 말을 이어갔다.

"관해 상태⁴까지 치료하려면 시간을 들여서 진찰해야 올바른 병명을 알 수 있는 경우가 많아요. 또 환자에게 힘들고 많은 노력이 필요하더라도 병을 정복하겠다는 의지를 심어줘야 해요."

"그렇군요."

"원래 우울증이란 병이 갑자기 수렁에 빠진 것처럼 원인을 분명하게 알 수 없는 경우가 많아요. 바꿔 말하면 원인을 확실히 알면 우울증이 아닌 경우가 많다는 말이죠."

"제 경우는 업무 스트레스가 원인이겠군요."

"하지만 우울증이 아닌데 우울 상태를 호소한다는 이유만으로 우울증 진단을 내립니다. 현실에서 종종 볼 수 있는 사례예요."

말을 마친 무천도사는 찻잔을 들어 차를 단숨에 마셔버렸다. 그리고 그의 클리닉을 찾은 한 환자의 이야기를 들려주었다.

【 A씨 이야기 】

한 대형 제조 회사에서 기술직으로 일하는 오십 대 여성 A씨. 그녀는 사십 대에 처음으로 정신과를 찾았다. 가벼운 우울증으로 진단

---

4 '관해(寬解) 상태'는 치유나 완치와 달리 병으로 생긴 증상이 호전 또는 거의 소멸한, 의학적으로 조절된 상태를 의미한다. 정신과 분야에서는 사회 활동에 거의 영향을 주지 않을 정도까지 좋아진 상태를 말하지만 환자에 따라서는 재발할 우려도 있어서 관해 후에도 치료를 계속하는 예도 있다.
무천도사는 관해 상태로 가려면 우선 병의 특성을 이해해야 하고, 인생을 돌아보면서 병을 키운 자신의 버릇이나 특성을 깨닫고 대처법도 생각해야 하며, 복용한 약의 이름과 효능, 부작용도 알아야 하기에 질병 교육과 심리 교육, 복약 지도가 필요하다고 말한다.

받고 그 후로 계속 약을 먹었다.

무천도사는 "가벼운 우울증이 어디 있어요? 가벼운 인플루엔자가 있나요? 인플루엔자는 인플루엔자고 우울증은 우울증이에요"라며 비판했겠지만, 아무튼 A씨는 그렇게 10년 가까이 치료를 받았으나 전혀 나아질 기미가 보이지 않았다. 그러던 중 사내 보건의의 소개로 무천도사의 클리닉을 찾았다.

무천도사는 "어떤 진단을 내리든 본인 상담과 문진뿐 아니라 가족과 직장 동료까지 세 방향에서 이야기를 들어봐야 한다"라고 말했다. 그래서 A씨 본인과 남편은 물론 직장 동료 몇 명에게도 상당한 분량의 문진표를 사전에 작성하도록 부탁했다. 그리고 본인에게는 매일 기상, 취침 시간부터 시작해 언제 무엇을 얼마나 먹었는지와 수분 섭취량, 스마트폰과 컴퓨터 사용 시간, 배변 배뇨 상황까지 초진을 받으러 오기 전 2주 동안의 활동 내용을 모두 기록한 생활기록표를 제출하게 했다.

드디어 찾아온 초진 날, 오후 1시부터 세 시간 반에 걸쳐 A씨는 무천도사와 이야기를 나눴다. 이 자리에는 A씨의 남편도 함께했다. 무천도사는 유아기부터 아동기의 발달 과정, 부모님과 가족의 약력, 사는 곳, 학교 생활, 이사와 이직 이력 및 그 이유, 일상 속 감정 변화와 사건 이야기 등을 대화 속에서 자연스럽게 끌어냈다. 정신 질환에는 유전적 영향을 받는 병도 있다고 한다. 따라서 부모와 가족의 병력은 제일 먼저 확인해야 하는 중요한 단서인데 그것조

차 묻지 않는 클리닉이 많다며 무천도사는 분노했다.

시간을 들여 다각도에서 진찰한 결과 A씨의 상태는 경조증(조증의 증상이 경미한 상태 _ 옮긴이)으로 보였다. 경조증인 사람은 평소보다 말이 많아지거나 잠도 거의 자지 않으며 휴일에 출근하거나 자격증을 따려고 학원에 다니는 등 활동적인 시기가 있다. 이 기간에는 기분이 상쾌하고 다 잘 될 것 같은 느낌이 들고 차분히 있지 못한다고 한다. 또 남편의 이야기를 통해 A씨가 사소한 일로 짜증을 내고 화를 낼 때가 있다는 사실도 알았다. 이런 많은 정황을 근거로 무천도사는 A씨가 우울증이 아닌 '제2형 양극성 장애'라고 진단했다. 제2형 양극성 장애는 조증의 정도가 가벼워 알아차리지 못하고 우울증으로 진단되는 경우가 많다. 10년간 먹던 항우울제를 끊는 일은 쉽지 않았지만 무천도사와 함께 치료 프로그램을 계속한 결과 A씨는 멋지게 복직에 성공할 수 있었다.

A씨의 사례를 들은 나는 팔짱을 낀 채 낮은 소리로 신음했다. 무천도사가 말했다.

"의사마다 추구하는 치료 방법이 다양합니다. 저는 최대한 약에 기대지 않는 복직 프로그램으로 치료하려고 합니다."

10년간 힘들어하던 사람을 약에 기대지 않고 구해냈다니 감탄사밖에 나오지 않았다.

"굉장해요!"

"히나타 씨도 그 프로그램을 체험할 겁니다."

기뻐해야 하는 건지 몰라 망설이는 내게 그가 말했다.

"여기서 다시 퀴즈입니다!"

"또 퀴즈예요?"

"우리 클리닉에는 별것 아니지만 자랑할 만한 사실이 하나 있는데, 그게 뭘까요?"

"글쎄요, 잘 모르겠는데요."

무천도사는 하얀 치아를 드러내며 얼굴 가득 미소를 띠고 대답했다.

"사실 제약회사 영업 사원이 한 명도 오지 않는 클리닉이라는 거예요. 와하하하."

나는 무엇이 웃긴 건지 알 수 없었지만 그를 따라서 어색하게 웃음지었다.

"아…… 하하하."

이때 나는 제약회사 영업 사원이 오지 않는다는 사실이 얼마나 큰 의미인지를 잘 이해하지 못했다.

그래서 제 진단은
무엇입니까?

무천도사는 빈칸이 가득한 한 뭉텅이의 문진표를 서랍에서 꺼내 건넸다.

"다음 진찰 때까지 이 문진표를 작성해 올 수 있을까요?"

얼핏 봐도 족히 수십 장은 돼 보였다.

"히나타 씨만이 아니라 가족과 직장 동료가 써줘야 하는 것도 있어요. 될 수 있으면 다양한 각도에서 정보를 모은 다음에 조금씩 접근해가면서 진단할 거예요."

"아…… 가족은 괜찮은데 직장 동료는 좀…….""

가능하면 회사에 알려지지 않았으면 하는 마음에 주저하자 그가 말했다.

"회사에 다리를 다쳐서 목발을 짚은 동료가 있으면 히나타 씨도 도와줄 거죠?"

"도와줘야죠."

"왜 도와주죠?"

"곤경에 처한 사람이 있으면 도와주는 게 당연하니까요."

"그래요. 그런데 마음의 목발은 다른 사람 눈에는 안 보여요. 그러니까 숨기지 말고 드러내야 도움을 받을 수 있어요."

나는 마지못해 고개를 끄덕였다.

"그렇다고 무리해서 애쓸 것까지는 없어요. 누구한테나 일어날 수 있는 일이니까 걷지 못할 때 가볍게 어깨를 빌리는 정도로 생각해요."

마음이 복잡해진 나는 말없이 문진표를 가방에 넣었다. 무천도사는 그런 내 모습을 바라보며 다정하지만 단호하게 말했다.

"히나타 씨, 문진표를 작성하는 일이 쉽진 않겠지만 가장 중요한 것은 올바른 진단을 내리는 겁니다. 우리 클리닉 환자 중 3분의 2는 다른 병원을 다니다 온 사람이에요. 대부분이 우울증 진단을 받고 약을 계속 먹었지만 나아지지 않았던 거예요."

"즉 0이 아니라 마이너스에서 시작했다는 거죠?"

"그래서 처음에는 약을 끊는 데만 몇 달이 걸려요."

"몇 달이나요?"

"먹던 약을 끊으면 두통이 생기고 잠시도 가만히 있기 힘들어요. 짜증이 나서 참을 수가 없고 우울하고 잠도 못 자는 금단 증상이 나타나죠. 증상에 맞춰서 대처해나가야 하니까 쉽지 않아요."

"그렇겠군요."

"너무 괴로워서 차라리 먹던 약을 다시 먹는 편이 낫겠다며 치료를 그만두는 환자도 있어요. 기존의 치료를 버리고 새로운 방법을 시도하려면 그만큼 독한 각오가 필요해요."

"하지만 그건 우울증도 아닌데 우울증 치료를 받으러 되돌아가는 것이잖아요."

"그렇죠. 그래도 의사가 환자의 의지를 막을 수는 없어요."

처음으로 그의 얼굴이 조금 어두워졌다.

그 표정을 보니 '좋은 사람이구나'하는 생각이 들었다. 내가 무슨 생각을 하는지는 꿈에도 모를 무천도사가 말을 이어갔다.

"애당초 진짜 우울증을 앓는 사람은 보기만 해도 대부분 티가 나요. 옷차림이나 화장이 완벽하고 여러 장의 문진표를 직접 꼼꼼하게 쓰는 사람은 거의 우울증이 아니에요."

"그런가요?"

"우울증이면 겨울에 여름 샌들을 신거나 양말을 짝짝이로 신기도 해요. 머리는 엉망으로 헝클어져 있고 억지로 웃으려고 하니까 표정은 어색하죠. 무엇보다 큰 특징은 모두 똑같은 말을 한다는 거예요."

"무슨 말이요?"

"저는 우울증이 아니에요."

"정말이요? 마치 술에 취해 비틀거리면서 취하지 않았다고 우기는 것과 같군요."

"그런 셈이에요."

"그럼, 우울증 진단을 받았지만 사실 그렇지 않았던 환자는 어떤 진단을 받나요?"

불쑥 튀어나온 내 천진한 질문에 그는 화이트보드를 가리켰다.

"우리 클리닉에서는 60퍼센트 이상이 저기 적힌 '양극성 장애' 중 하나인 '제2형 양극성 장애'라는 진단을 받아요."[5]

"양극성 장애?"

낯선 단어에 미간을 찌푸리며 화이트보드를 쳐다봤다.

"양극성 장애는 일반적으로 '조울증'이라고 불리는 질병이에요."

"조울증?!"

어쩐지 기분 나쁜 병명인 걸. 나도 혹시 조울증인가? 괜히 내가 진단받은 것처럼 갑자기 심장이 벌렁거리며 가슴이 답답했다.

"그 병은 치료가 안 되나요?"

목소리를 겨우 쥐어짜내서 묻자 무천도사가 차분한 목소리로 말했다.

---

5 우울증 환자의 60퍼센트는 사실 제2형 양극성 장애다. (Benazzi. 2004)
제2형 양극성 장애의 37퍼센트는 우울증으로 오진받는다. (Ghaemi. 2000)
양극성 장애의 77퍼센트가 처음에 우울증으로 진단받는다. 정확하게 진단되기까지 4년 이상 걸린 환자는 51퍼센트에 이른다. (노틸러스회 설문 조사)

"괜찮아요. 히나타 씨, 천천히 길게 숨을 내쉬어봐요."

후우 후우……. 나는 천천히 숨을 가다듬었다.

"관해 상태까지는 분명히 좋아질 수 있어요. 더구나 여기는 재발률 0퍼센트의 클리닉 아닙니까."

다정하게 달래듯이 말하면서도 자신감이 넘치는 그의 말에 조금씩 안정되었다. 무천도사는 내가 진정하기를 기다렸다가 양극성 장애가 어떤 병인지 자세히 설명해주었다.

'양극성 장애'에는 1형과 2형이 있다. 1형은 조증과 울증 상태가 두드러지지만 2형은 조증 상태가 오랜 시간 천천히 진행되기 때문에 알아차리기 어렵다는 특징이 있다. 고속도로로 예를 들자면 표지판이 없으면 눈치채지 못할 만큼 완만한 오르막길이다. 별생각 없이 수 킬로미터를 주행했는데 문득 뒤돌아보니 꽤 높이 올라와 있는 그런 느낌이다.

1형이든 2형이든 양극성 장애는 우울증처럼 원인을 알기 어려운 '마음의 병'이 아니라 뇌 신경계의 균형이 무너지면서 발병한다.

뇌신경계는 중추 신경계와 말초 신경계로 나뉜다. 중추 신경계는 사고와 기분, 의욕 같은 고차원적 신경 기능을 관장하고 말초 신경계는 운동 신경과 자율 신경을 관장한다. 양쪽의 균형이 무너지면 다양한 증상이 나타난다.

말초 신경계에 속하는 자율 신경의 균형이 무너지면 슬프지도 않은데 눈물이 나고 덥지도 않은데 땀을 흘리거나 갑자기 심장이 고동치고 현기증, 이명, 두통 같은 신체적 증상이 나타난다. 한편 사고와 기분, 의욕을 관장하는 중추 신경계의 균형이 무너지면 마음의 균형이 어긋나버린다.

누구나 기분이 좋을 때와 나쁠 때가 있고 의욕이 넘칠 때와 없을 때가 있다. 모든 사람이 감정의 파도를 경험한다. 일반적으로 사고와 기분, 의욕이라는 세 가지 파도가 서로 보조를 맞춰서 움직인다. 기분이 우울하면(기분) 의욕이 안 생기고(의욕) 아무 생각도 하고 싶지 않다(사고). 반대로 기분이 좋으면 의욕이 넘치고 이런저런 생각을 하게 된다. 하지만 중추 신경계의 균형이 무너지면 사고와 기분, 의욕의 파도가 따로 움직이기 시작한다.

무천도사는 파란색과 빨간색 펜으로 화이트보드에 두 개의 파형을 살짝 어긋나게 그렸다.

이런 과정을 수개월에서 몇 년에 걸쳐 반복하는 것이 양극성 장애다. 파형이 어긋나 조증과 울증 상태가 동시에 나타나는 혼재 상태가 특징이다.

- 의욕은 있는데 기분이 좋지 않아 움직일 수 없다. 그래서 초조하다.
- 기분은 좋은데 뭔가 하고 싶은 의욕이 생기지 않는다. 그래서

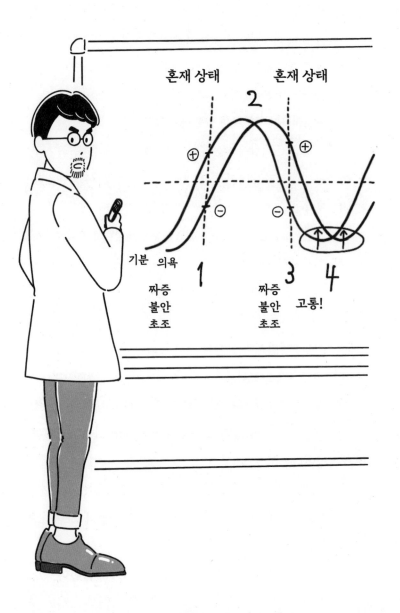

1. 파형이 어긋나 있어서 보조가 맞지 않고 기분과 의욕의 차이가 생긴다. 기분이 좋아도 의욕이 생기지 않는 상태다.
2. 의욕이 뒤쫓아오면서 기분과 의욕이 일치하여 플러스가 되는 경조증 상태가 된다.
3. 다시 상태가 역전되어 의욕은 있는데 기분이 나쁜 상태가 된다.
4. 시간이 더 지나면 기분과 의욕이 마이너스에서 만나는 상태가 된다(우울증이 최고조에 달한다).

짜증이 난다.

조울 혼재 상태에 이르면 말로 형용할 수 없는 불안과 초조함에 시달려 안절부절못하게 된다. 여기에 앞서 말한 자율 신경 실조 상태까지 일어난다. 사고가 항진 상태[6]에 이르면 부정적이고 나쁜 생각만 계속 머릿속을 맴돌게 된다.

무천도사에 따르면, 양극성 장애의 최대 문제는 어긋난 파형으로

6　항진 상태란 어떠한 원인으로 균형이 무너져 사고와 맥박 등이 필요 이상으로 활발하고 빨라지는 상태를 말한다.

생기는 혼재 상태다. 긴 설명을 들으며 나는 어느새 속으로 중얼거리고 있었다.

'양극성 장애는 뇌 신경계가 어긋나면서 생기는구나. 의욕과 기분이 달라서 움직일 수 없는 괴로움은 나도 잘 알지. 정말 힘들어.'

"어긋난 파형의 차이를 줄이는 것이 양극성 장애의 치료예요. 그 과정을 함께 헤쳐나갈 거니까 안심해요."

그는 책상으로 걸어가 천천히 서랍을 열었다. 무슨 자료라도 꺼내나 싶었는데 재미있게도 왕꿈틀이 젤리였다.

좋아한다고 하더니 서랍에 쟁여놓고 있구나. 무천도사는 봉지 안에 손가락을 넣어 부스럭거리며 휘젓더니 젤리 하나를 꺼내 한참 쳐다본 후 입속으로 휙 던져 넣었다.

'저기, 지금 진찰 중이거든요…….'

어이 없어 그저 보고만 있었는데 시선이 느껴졌는지 그가 말했다.

"줄까요?"

"아니요. 저는 괜찮아요."

"줄게요."

그는 다시 봉지에서 젤리를 하나 꺼내더니 갑자기 소리쳤다.

"와!"

"왜요?"

"대왕꿈틀이가 나왔어요."

맙소사!

"히나타 씨, 운이 좋군요. 자, 먹어요."

"운이 좋은 건가요?"

무천도사가 건넨 젤리를 입에 넣으며 나는 돌이켜 생각해봤다. 확실히 요즘 들어 기분과 의욕이 따로 노는 느낌이었다. 괜히 짜증 나고 불안해서 안절부절못하는 일도 자주 있었다. 역시 제대로 된 진단과 치료가 필요하다는 생각이 들었다.

우울하다고 다 우울증은 아닙니다!

우울 상태에는 여섯 종류가 있습니다. 우울증은 그중 하나이고요. 우울증이라고 진단 받은 사람 가운데 나중에 제2형 양극성 장애 (조울증)로 밝혀지는 경우가 많습니다.

- 기분은 좋은데 의욕이 생기지 않는다
- 의욕은 있는데 기분이 좋지 않다.

의욕과 기분이 서로 어긋나면 짜증이 나고 불안해집니다. 하지만 제2형 양극성 장애는 마음의 문제가 아니라 뇌 신경계의 균형이 무너지면서 발병하는 것입니다. 그 어긋난 차이를 줄여가는 것이 치료의 핵심이에요.

증상 말고
근본 원인을 보자

잠시 휴식 시간이 지나고 진찰보다는 강의에 가까운 무천도사의 이야기가 계속 이어졌다.

"보통 불안과 초조, 짜증나는 감정은 어떡하든 없애고 싶겠죠?"

"그렇죠."

"그럴 때 간혹 젊은 여성들은 폭식을 하고 나서 먹은 것을 토해내는 행동을 해요. 순간적으로 기분이 개운해지는 경험을 하고 반복하면서 그게 습관이 되죠. 그런 환자가 정신과를 찾으면 섭식 장애 진단을 받아요."

"네, 들어본 적 있어요."

"문제는 섭식 장애라는 진단명은 그 행동에 초점을 맞춰서 그렇게 표현했을 뿐 근본적인 문제는 알 수 없다는 데 있어요."

섭식 장애가 양극성 장애로 인한 불안과 초조함에서 오는 증상이라면 확실히 근본 원인을 찾는 데 시간이 걸릴 것 같았다.

"먹고 토하는 대신 술이나 마약에 의존하는 사람도 있죠. 불안과 초조함을 잠깐은 잊을 수 있거든요."

"그런 사람들이 알코올 의존증 혹은 약물 의존증 진단을 받는군요."

"예를 들어 출근 도중에 문단속을 잊었다는 생각에 심하게 불안하고 초조해졌다면 어떻게 할까요?"

"확인하러 집에 돌아가겠죠."

"네, 그런데 돌아가서 확인해보니 문은 잠겨 있었어요. 안심하고 다시 출근하는데 지하철역까지 갔더니 또 불안해져요. 결국 다시 확인하러 돌아가죠."

"왜 그러는 거죠?"

"문단속이 불안의 원인이 아니기 때문이에요. 문단속이 문제였다면 처음 확인했을 때 불안이 사라졌어야 해요. 하지만 다시 불안해져요. 그래서 집에 돌아가보면 당연히 문은 잘 잠겨 있지요. 그렇게 몇 번이나 집과 역을 왕복하다가 출근을 못 하기도 해요."

"생각만 해도 지쳐요."

"그런 환자는 대개 강박 신경증이나 강박성 장애 진단을 받아요."

"그렇게 부르는군요."

"아니면 손목을 긋는 등의 자해 행위를 하는 사람도 있어요. 리스트컷 증후군이라고 하죠. 아프다고 느끼는 순간 뇌가 고통을 조절하려고 쾌락 호르몬 도파민이나 뇌 속의 마약이라 불리는 베타 엔도르핀을 분비해요. 피가 나고 멎으면 자신이 정화된 듯한 기분이 드는 거예요. 그래서 자해를 습관처럼 반복하죠."

"그런 사람은 어떤 진단을 받나요?"

"인격 장애 진단을 받겠죠. 인격 장애에는 자해 행위를 벌여서 주변 사람들을 조정하려는 사람도 있고, 누구에게도 말하지 않고 혼자 계속 손목을 그으며 고통을 견디는 사람도 있어요."

"소름 끼치지만 들어본 적 있어요."

"다들 혼재 상태가 견디기 힘들고 벗어나고 싶어서 스스로 해결해보려는 겁니다. 하지만 의존증이 대부분 그렇듯 불안이 일시적으로 줄어들 뿐이에요. 그 행동을 멈추면 금방 다시 불안해져요. 다시 증상이 나타나는 거죠. 그래서 같은 행동을 반복하게 됩니다."

"그런 식으로 빠져버리는 거군요."

"안타깝게도 문제 행동은 점점 더 심해져요. 그래서 의존증의 구조와 의존증으로 생기는 정신적, 신체적, 사회적 폐해, 의존증에서 벗어난 후에 생기는 금단 현상까지 제대로 알아야 해요."

무천도사의 논리적인 설명에 수긍이 갔다. 내 진지한 눈빛에 응답하듯 그는 계속 말을 이어갔다.

"혼재 상태가 너무 괴로워서 불안을 호소하는 환자를 상담하며 불안에만 초점을 맞춰서 이야기를 들으면 불안 신경증으로 진단하기 쉬워요."

"우울증이 아닌데 우울증 진단을 내리는 것과 마찬가지잖아요."

"맞아요. 겉으로 드러나는 증상만 보고 본질은 전혀 보지 못한 것이죠. 근본 원인을 파악하려면 오랜 시간 자세히 봐야 하니까요."

"그렇구나."

"제대로 진단받지 못해서 괴로워하며 병과 싸우는 사람들이 얼마나 많을까 생각하면 가슴이 답답합니다."

그가 먼 곳을 바라보며 말했다.

"어디 보세요?"

"네? 그냥…… 저 멀리."

"저 멀리는 어딘가요?"

"미래?"

역시 이해하기 어려운 사람이다. 나는 '저 멀리'를 바라보며 말을 잃은 듯한 무천도사에게 물었다.

"다시 말해서 불안과 관련된 증상의 근본을 들여다보면 결국 양극성 장애로 묶을 수 있다는 말인가요?"

자극에 반응하듯 그가 다시 내 쪽으로 눈을 돌리고 말했다.

"그렇죠. 불안과 초조함에서 벗어나려고 술을 마시는 건 흔한 일이에요."

나는 고개를 끄덕였다.

"맞아요. 술집이나 노래방에서 스트레스를 푸는 사람들이 있죠."

"누구나 스트레스에서 오는 불안과 초조함에서 벗어나려고 여러 가지 행동을 해요. 그걸 '셀프메디케이션Self-Medication'이라고 하는데, 바람직한 행동을 '좋은 셀프메디케이션', 그렇지 못한 행동을 '나쁜 셀프메디케이션'이라고 합시다."

"좋은 셀프메디케이션과 나쁜 셀프메디케이션. 길고 어려운 말이군요."

"그런가요? 중요한 건 행동의 정도와 그 행동이 좋은 것인지 나쁜 것인지에 있어요."

"맞아요. 술을 마시며 스트레스를 푸는 행동 자체가 나쁘지는 않지만 도가 지나쳐 주위에 폐를 끼치면 나쁜 것이 되죠."

"마약이라면 법률 위반이니 무조건 나쁜 것이고요. 문제는 효과가 바로 나타나는 나쁜 행동일수록 자극적이고 매력적이라는 사실이에요."

나쁜 행동에 더 쉽게 끌릴 수 있다는 말에는 나도 금세 납득할 수 있었다.

"그래서 점점 더 빠져들지만 효과가 지속적이지 않고 불법 행위이거나 다른 사람에게 피해를 줘서 인간 관계마저 단절되곤 해요. 반대로 좋은 셀프메디케이션은 효과가 즉시 나타나지는 않지만 지속적이에요."

"그렇군요."

"다음에 하나하나 더 이야기할 텐데, 예를 들어 호흡법은 돈도 안 들고 주위에 피해를 주지도 않아요. 또 어디서든 할 수 있죠."

그는 젤리 봉지를 뒤져서 왕꿈틀이 하나를 꺼냈다. 또 대왕이 나왔다며 대왕꿈틀이를 나에게 건넸다. 이번에는 주저 없이 받아 먹었다. 무천도사 선생님은 좀 별나긴 해도 의지할 만한 분이라는 확신이 생겨나기 시작했다.

약만으로는
치료할 수 없다

무천도사는 자신에게 맞는 좋은 셀프메디케이션을 찾는 게 얼마나 중요한지 사례를 들어 이야기하기 시작했다.

36세 남성 B씨는 무천도사의 클리닉을 찾았을 때 엄청난 양의 향정신성 약물을 복용하고 있었다. 항우울제와 세 종류의 간질약, 비정형 항정신병제라 불리는 조현병 치료제도 두 가지나 들어 있었다. 게다가 지금은 판매가 중단된 '베게타민'[7]이라는 합성약도 두 알 포함되어 있었다.

---

[7] 베게타민은 먹으면 움직일 수 없을 정도로 독한 약으로, 먹는 구속복이라고도 불렸으나 2016년 12월에 공급이 중지되었다.

여기서 끝이 아니었다. 수면제 세 종류와 항불안제 두 종류까지 복용하고 있었고, 약을 너무 많이 먹다 보니 변비가 생겨서 변비약, 손이 떨리는 부작용을 막아주는 약까지 끝이 없는 리스트에 무천도사는 기함할 듯 놀랐다. 열 가지 이상의 약을 먹으면서 일을 하니 당연히 일이 제대로 될 리 없었다. 건망증이 심해지고 지하철역 계단에서 넘어져 구르는 일도 있었다. 약이 오히려 병을 키운 상황이라 무천도사는 그만 "용케 살아서 여기까지 오셨네요"라는 말이 저절로 나왔다.

그나마 다행인 것은 B씨가 네다섯 번이나 휴직을 한 이력이 있으면서도 포기하지 않고 회사에 다니는 끈기 있는 성격을 지닌 점이었다. 그는 '이번에 휴직하면 해고'라는 통보를 받고 무천도사의 클리닉을 찾아왔다.

| B씨의 처방전 |

○○년 ○월 ○일 ○○○씨의 처방전
의료 기관명: ○○클리닉
의사명: ○○○

① 데파켄R정 200		4정
1일 2회 아침·저녁 식후		×14일분
② 알프라졸람정 0.4mg		3정
1일 3회 매 식후		×14일분
③ 로라제팜정 0.5		1정
불면시		×14일분

④ 라믹탈정 100mg	2정
1일 1회 저녁 식후	×14일분
⑤ 심발타캡슐 20mg	1C
1일 1회 아침 식후	×14일분
⑥ 쿠에티아핀정 100mg	3정
1일 1회 취침 전	×14일분
⑦ 아빌리파이정 3mg	2정
1일 2회 아침·저녁 식후	×14일분
⑧ 베게타민A 배합정	2정
⑨ 플루니트라제팜정 2mg	2정
⑩ 졸피뎀 주석산염정 10mg	1정
⑪ 센노사이드정 12mg	2정
1일 1회 취침 전	×14일분
⑫ 조피클론정10 10mg	1정
불면 시	×14일분
⑬ 가바펜정 300mg	6정
1일 2회 아침·저녁 식후	×14일분
⑭ 타스모린정 1mg	3정
1일 3회 매 식후	×14일분

〔섭취 시 주의해야 할 음식〕
• 알코올류 ②③⑤⑥⑦⑧⑨⑩⑫
• 서양고추나물 함유 식품 ⑤

○○약국

B씨도 정말 이렇게 많은 약을 먹어야 하는지 불안해서 근처 대학병원에 가서 다른 의사에게 진단을 받아봤다고 했다. 하루 입원해서 검사했는데 마찬가지로 진단은 우울증이 맞고 처방도 틀리지 않았다는 말을 들었다. 결국 병을 고치기 위해서 이만큼의 약이 필

요하다는 사실을 받아들일 수밖에 없었다. 그럼에도 일을 포기할 수 없어 직장을 계속 나가긴 했지만 일이 제대로 될 리 없었다. 지하철에서 똑바로 서 있을 수 없을 만큼 잠이 쏟아졌다.

B씨는 꽤 이름이 알려진 다른 클리닉을 찾아갔다. 그곳에서 '확실히 약이 너무 많다'는 말을 들어 기쁜 마음으로 병원을 옮겼다. 그런데 처음에는 약이 줄었지만 정신 차려 보니 어느새 처음보다 약이 더 많아져 있었다. B씨는 누구를 믿어야 할지 알 수 없었다.

무천도사에 따르면, 그 의사들은 누구보다 많은 지식을 갖고 있었지만 근본 원인보다 증상에 대처하는 형태로 처방한 것이었다. 그러다 보니 결국 산더미 같은 약을 복용하게 됐고 B씨는 절망에 빠졌다. 지푸라기라도 잡는 마음으로 찾아간 한의원에서 '여기서는 이렇게 많은 약 중 어떤 게 필요한지 또는 필요치 않은지 알 수 없다'며 무천도사를 소개해줬다고 한다.

B씨는 그날부터 일요일을 제외하고 매일 편도 2시간 반이 걸리는 거리를 1년 4개월 동안 왕복하며 무천도사의 클리닉에 다녔다. 무천도사는 B씨가 우울증이 아니라 '제2형 양극성 장애'라고 진단했다. 우울증이 아니니 우선 항우울제를 빼고 신경안정제 하나만 처방했다. 또 수면제와 항불안제도 모두 제외했다. 1년에 걸쳐 생활 지도와 좋은 셀프메디케이션을 배운 결과 B씨는 1년 4개월 후에 복직할 수 있는 상태까지 회복했다.

그런데 복직하기 전에 재활 치료 목적으로 임시 출근할 수 있는지 회사에 문의하자 직장 상사가 같이 클리닉을 찾아왔다.

"저 친구는 몇 번이나 복직과 휴직을 반복했습니다. 약을 그렇게 많이 먹고도 제대로 일을 할 수 없었어요. 그런데 이렇게 약을 줄여도 되는 건가요? 정말 나았다고 말할 수 있습니까? 게다가 대학병원을 포함해서 세 명의 의사가 우울증이라고 한 데 반해 선생님만 다르게 진단했던데요, 오진일 확률은 없나요? 다시는 휴직하지 않는다고 보장할 수 있나요?"

B씨를 회사에 복직시키고 싶지 않다는 의도가 너무 뻔하게 보였다. 그 후에도 B씨의 출근은 이런저런 핑계로 계속 미뤄졌다. 겨우 임시 출근을 하게 되자 상사는 사소한 일까지 일일이 간섭했다. 하지만 시간이 지나고 트집거리도 사라지자 회사는 B씨의 완전 복직을 인정할 수밖에 없었다.

B씨는 휴직 중에 부모님 집에 들어가 있었지만 복직하고는 다시 회사 근처 기숙사로 이사했다. 복직하고 1년이 지나서 신경안정제를 다시 받으러 무천도사의 클리닉을 찾은 B씨는 이렇게 말했다.

"선생님, 이게 도움이 됐으면 좋겠습니다."

그는 예전 병원에서 받은 처방전을 내밀었다. 관해 상태까지 회복하고도 꽤 시간이 지났는데 도대체 무슨 소리인지 의아해하는 무천도사에게 B씨가 말했다.

"세상에는 저처럼 이렇게 약을 오용하는 사람이 분명 많을 겁니다. 그런 사람들이 깨달을 수 있는 계기가 됐으면 합니다. 실제로 이런 처방을 받는 환자가 있다는 증거로 써주세요."

무천도사는 그 처방전을 지금도 소중하게 간직하고 있다.

초진 당시 B씨는 175센티미터 키에 체중이 120킬로그램에 달했다. 당뇨병 치료를 받고 있었고 지방간과 고지혈증도 있었다. 하지만 올바른 생활 덕분에 치료 후 체중이 68킬로그램까지 줄었다. 당뇨병 약은 불필요해졌고 지방간과 고지혈증도 좋아졌다. 심지어 당뇨병 주치의에게 "30년 동안 당뇨병 치료를 해왔지만 이런 경우는 처음 본다"라는 말까지 들었다.

특수한 경우이기는 하지만 생활 습관을 철저하게 바꾸고 지켜서 몸도 마음도 건강하게 복직한 긍정적인 사례다.

B씨의 이야기가 끝나고 시계를 보니 오후 4시를 지나고 있었다. 진료가 세 시간 넘게 이어진 것이다. 내 이야기 말고도 정신과를 둘러싼 다양한 사례를 듣다 보니 머릿속은 이미 포화 상태가 되었다. 무천도사가 지금까지의 이야기를 정리하듯이 말했다.

"오늘 이런저런 이야기를 했는데 오해는 하지 말아요. 약이 무조건 나쁘다는 말은 아닙니다. 좋은 약도 많고 우울증에는 항우울제가 정말 효과가 있어요. 우리 클리닉에서 약을 쓴 건 딱 두 번뿐이지만요."

"진짜 우울증이었던 환자가 두 명 밖에 없었다는 말이죠?"

"맞아요. 주요 우울 장애였던 경우는 두 건뿐이었어요. 그것도

4~5개월 정도 항우울제 한 종류만 처방했어요. 그 뒤에는 2년 동안 상담을 하면서 경과를 지켜봤죠. 관해 상태에 이르러서 이제는 진료를 보지 않아요."

"약이 모든 것을 치료해주진 않는다는 말씀이군요."

"네, 무엇보다 고통받는 환자를 제대로 진단해서 불필요한 약은 처방하지 말고 치료하는 것이 최선이란 말이죠."

내가 고개를 크게 끄덕이자 그가 갑자기 말했다.

"여기서 또 퀴즈!"

"왜 자꾸 깜짝 퀴즈를 내시는 거예요?!"

"수박 한 통에 만 원이면 두 통엔?"

뜬금없이 수박······? 어리둥절한 나를 보고 무천도사가 씩 웃으며 말했다.

"두 통엔 게보린!"

"두 통엔? 게보린?"

갑자기 난센스 퀴즈라니 힘이 빠졌다. 무천도사는 껄껄 웃더니 자세를 고쳐 앉으며 말을 이었다. 아마 갑자기 쏟아져 들어온 정보와 지식으로 터질 듯한 내 머릿속을 풀어주려 한 모양이었다.

"농담이고요. 전문적 지식이 없는 환자는 의사에게 의지할 수밖에 없으니까요. 수학 공식처럼 약을 처방하기보다 즉각적인 효과는 크지 않아도 지속성을 높여가는 '좋은 셀프메디케이션'을 함께 배워봅시다. 다음 주부터 히나타 씨의 마음을 더 알아보면서 적합한 치료 방법을 실천해볼 거예요."

"네? 아, 알겠습니다."

갑자기 화제를 휙휙 돌리는 무천도사의 빠른 변화에 아직 적응이
안 되었다.

"가족과 직장 동료의 문진표도 잊지 말고 꼭 작성해 오세요."

"아⋯⋯, 네."

"그럼, 접수처에서 다음 진료 예약하고 가세요. 감사합니다."

무천도사는 머리를 깊게 숙여 인사했다. 갑작스러운 마무리에 나
도 모르게 따라서 꾸벅 인사를 하고 진료실을 나왔다. 뒤에서 무천
도사가 "다음 주에 봅시다!"라며 손을 흔드는 모습이 보였다.

어느덧 해가 뉘엿뉘엿 지고 있었다. 새빨간 저녁놀을 실로 오랜
만에 보는 것 같았다. 목구멍에 걸려 있던 가시가 빠진 듯한 기분으
로 지하철역으로 향했다.

약만으로 치료가 될까요?

흔히 정신과 치료를 받으면 무조건 약을 복용해야 한다고 알고 있습니다. 물론 우울증에는 항우울제가 효과가 있어요. 하지만 약이 모든 것을 치료해주지 않습니다. 즉각적인 효과는 없지만 서서히 불안과 초조함에서 벗어나게 해주는 '셀프메디케이션'을 함께 익히는 게 좋습니다.

기껏 정신과 클리닉에 갔는데 변화가 없다며 실망하고 포기하지 마세요. 한두 번의 상담으로 놀라운 변화가 일어나긴 힘듭니다. 자신의 상태를 정확히 알고 꾸준히 노력하려는 마음가짐이 가장 중요해요!

2부

우울에서 벗어나다

좋은 스트레스
VS.
나쁜 스트레스

무천도사 클리닉에서 진찰받고 일주일이 지났다. 진찰이라고 해 봐야 그저 대화를 나눴을 뿐이었으니 크게 달라지길 기대한 것은 아니었다. 그동안 기분이 좋기도 했고 이유 없이 짜증이 나기도 했다. 여전히 머리가 아프거나 속이 울렁거리는 때도 있었다. 속에서 무언가 움직이는 것 같아서 가만히 있을 수 없는 느낌이었다. 앞으로 클리닉을 꾸준히 다니면 좋아질 것이라는 희망만이 나를 버티게 해줬다. 금요일에 퇴근하고 돌아와서 저녁을 먹으며 내가 은근히 다음 날을 기다리고 있음을 깨달았다.

토요일, 지하철역 앞의 횡단보도를 건너 무천도사의 클리닉으로 향했다. 클리닉 문 너머에는 지난번과 똑같은 고요한 세상이 자리하고 있었다. 접수처에 문진표를 제출하고 예쁜 의자에 편안히 앉아 아무도 없는 대기실에서 30분을 기다렸다. 그때 내 이름을 부르는 목소리가 들렸다.

진찰실 문을 열자 무천도사가 자기 책상에 앉아서 종이 다발을 보고 있었다. 내가 제출한 문진표를 보는 것 같았다.

"안녕하세요?"

나는 인사를 하며 지난번과 같은 자리에 앉았다.

"오, 히나타 씨, 좀 어때요?"

내가 어떻게 대답해야 할 지 몰라 망설이자 그가 말했다.

"지금 한 질문은 히나타 씨가 무슨 대답을 해도 괜찮은 마법의 질문이에요. 그냥 하고 싶은 말을 하면 돼요."

"그래도 당황스럽네요. 특별히 달라진 점은 없어요."

"그럼 오늘은 먼저 히나타 씨에게 정신적 문제를 일으킨 스트레스에 대해 알아보고 간단한 대처법을 배워봅시다."

"스트레스요?"

"네, 스트레스."

내 말을 따라 하고서 그는 책상 옆에 있는 캐비닛을 손가락으로 톡톡 두드리며 말했다.

"이건 스테인리스."

갑작스러운 말장난에 아무런 반응도 보일 수 없었다.

"스트레스와 스테인리스요. 이해 못 했어요?"

"설명까지 할 필요는 없어요."

"하하하, 그럼 스트레스가 원래 뭔지 알아요?"

막상 질문을 받으니 뭐라고 대답해야 할지 알 수 없었다. 싫어하는 일, 압박, 부정적인 감정. 단어 몇 개가 머릿속을 맴돌았다. 갑자기 무천도사가 책상 위에 있던 빨간색 풍선을 집어 들며 말했다.

"여기 풍선이 있어요. 좀 전에 불었어요. 손가락으로 풍선에 힘을 가하면 모양이 조금 변하죠. 이렇게 몸과 마음에 부하가 걸리는 것이라고 생각하면 돼요."

"아! 알겠어요. 이해하기 쉽군요. 그럼 스트레스는 없는 편이 좋은 거죠?"

순간 그의 눈이 반짝였다.

"아니요. 스트레스는 사람이 살아가는 데 꼭 필요해요."

"스트레스가 꼭 필요하다고요?"

"애당초 사람은 스트레스 없이 살 수 없어요."

"무슨 뜻이죠?"

이해할 수 없는 그의 말에 머리가 멍 해졌다.

"탄생부터 입학, 졸업, 입시, 취업, 이직, 결혼, 출산, 사별 같은 인생의 모든 사건이 스트레스라는 말이에요."

"네? 그런가요?!"

놀라는 나를 보고 그는 고개를 끄덕이며 말했다.

"생각해봐요. 무슨 일이 있을 때마다 환경이 변하죠. 그에 따라 우리는 긴장하거나 슬퍼지거나 우울해지곤 해요."

"하긴 낯선 환경은 어떤 의미에서 스트레스죠."

"하지만 입학이나 졸업, 만남과 이별이 전혀 없는 인생은 어떨까요?"

"그건 좀 심심하겠어요."

"뿐만 아니라 더위와 추위, 고통은 물론 다른 이에게 어려운 부탁을 받았을 때, 갖고 싶은 물건이 있는데 돈이 모자랄 때 등등. 이런 저런 모든 일이 스트레스 요인이에요."

"그렇게 생각하니까 스트레스 없는 생활은 불가능하겠군요."

"그래서 스트레스를 없애려 하지 말고 사이 좋게 공생할 필요가 있어요."

스트레스를 무조건 없애거나 피하지 말고 함께 살아가라는 말이었다. 마음속에 작은 등불이 하나 켜졌다.

무천도사는 계속 말을 이어갔다.

"실제로 외부 자극이 없는 환경 속에 있으면 사람이 어떻게 되는지 연구한 실험이 있었어요. '감각 차단'이라고 하죠."

1951년 캐나다 심리학자 도널드 헤브는 외부 자극을 배제하면 사람이 어떻게 변하는지를 알아보기 위해 실험에 착수했다. 열네 명의 학생을 각각 방음실에 넣고 식사와 화장실 가는 시간 외에는 침대에 누워만 있도록 했다. 모든 감각을 차단하기 위해 피실험자에게 고글과 손발 덮개를 씌웠다. 또 귀 주변을 U자 모양 쿠션으로 감

싸서 냉난방기 소리도 들리지 않도록 한 상태에서 6주간 관찰하기
로 했다.

"엄청난 실험이었겠어요."

"지금은 금지된 실험이에요. 피실험자들이 6주는커녕 4일도 못
버텼거든요."

"정말이요?"

"전원 체온 조절 기능에 이상이 생기고 사고력과 주의력이 산만
해지고 세뇌당하기 쉬운 상태가 됐죠. 그뿐 아니라 논리적 사고를
하지 못하고 간단한 산수 문제도 못 풀었어요. 진짜 무서운 것은 망
상, 환각, 환청 같은 조현병 증상까지 나타난 거예요."

"어머나."

"우리는 다른 사람과 관계를 맺으며 스트레스를 받고 거기에 대응
하기를 반복하며 살아가죠. 스트레스를 풍선으로 설명한 것은 사실
이유가 있어요."

그는 빨간색 풍선을 꽉 쥐었다. 그리고 천장을 향해 던졌다.

"봐요. 손을 놓으면 풍선은 원래 형태로 돌아가죠."

공중으로 던져진 풍선은 조금 위로 올라갔다가 다시 천천히 아래
로 떨어졌다. 나도 모르게 손을 뻗어 풍선을 받고 꼭 끌어안았다. 그
런 내 모습을 지켜보며 무천도사가 다정하게 말했다.

"우선은 '스트레스stress'와 '스트레서stressor'를 혼동하지 말아야 해

요."

"스트레스와 스트레서요?"

"네, 스트레스는 자기 안에서 발생하는 것이라 어떻게 다스리는지에 따라 커지게도 작아지게도 할 수 있어요. 하지만 스트레서는 스트레스를 발생시키는 외적 요인이에요. 따라서 마음대로 조절하기 어려워요."

"무슨 말인지 모르겠어요."

"어렵지 않아요. 예를 들면 싫어하는 상사는 스트레스가 아니라 스트레서예요."

"싫어하는 상사는 스트레스인데요."

"아니, 싫어하는 상사에게 설교를 듣고 속에서 울컥 치미는 게 스트레스죠."

"듣고 보니 지금까지 혼동해서 쓰고 있었어요."

"다시 말해 스트레서인 싫어하는 상사를 바꾸기는 어려워요. 대신 상사 때문에 상한 기분을 바꿔야 해요."

머릿속이 조금씩 정리되는 듯했다.

"스트레스에는 두 가지 종류가 있어요. 좋은 스트레스와 나쁜 스트레스죠. 우리 클리닉에서는 '필요한 스트레스'와 '과한 스트레스'라고 불러요."

"좋은 스트레스와 나쁜 스트레스요?"

"좋은 스트레스는 동기 부여가 되는 요소예요. 열심히 노력해서 장애물을 극복하기도 하죠."

"구체적으로 어떤 스트레스가 있죠?"

"예를 들면 많은 사람 앞에서 말을 해야 하든가 리포트 제출 기한이 얼마 남지 않았을 때……."

"확실히 스트레스죠."

"하지만 그런 스트레스가 있으니까 노력하는 거예요. 성취감이나 보람을 느끼기도 하고 성장할 수도 있죠. 또 대인 관계와 사회생활이 편해지는 시너지 효과도 얻을 수 있어요."

"그렇군요."

"그런데 노력도 적당해야 해요. 필요 이상으로 힘을 쏟으면 오히려 힘이 빠져서 모처럼 받은 좋은 스트레스가 눈 깜짝할 사이에 나쁜 스트레스로 변하거든요."

"맞아요. 그건 제가 잘 알아요."

"한편 나쁜 스트레스는 뭔가를 계속 참아야 하는 경우예요. 고통을 계속 감내해야 할 때 받는 스트레스입니다. 괴롭힘을 당하거나 서툰 일을 계속해야 할 때, 인간관계나 SNS에서 부정적인 감정을 견뎌야 할 때, 소음을 참아야 할 때 받는 스트레스가 여기에 해당하죠."

"저한테는 방문 영업이 그래요."

"그렇군요. 조절을 잘하는 사람은 최소한의 스트레스만 받고 나머지는 잘라내 버립니다. 하지만 조절에 서툰 사람은 스트레스를 필요 이상으로 키워서 에너지를 낭비하고 지쳐버려요."

"사람에 따라 다르다는 말이군요."

내가 고개를 끄덕이자 그가 말했다.

"그러니까 좋고 나쁜 것도 중요하지만, 더 중요한 건 너무 과한가 아닌가예요. 노력도 인내도 중요하지만 뭐든지 '적당히'가 제일 좋아요."

그러고 보니 무작정 찾아다니는 영업 방식에 그다지 스트레스를 받지 않는 선배가 떠올랐다. 무천도사가 말을 이어간다.

"스트레스를 받으면 뇌가 스트레스 호르몬을 분비하도록 명령해요. 덕분에 몸과 마음이 스트레스에 적절히 반응하고 대응할 수 있어요. 하지만 나쁜 스트레스는 뇌를 그 호르몬에 계속 잠겨 있는 상태(만성 스트레스 반응 상태)로 만들어요. 결국 신경 세포에 이상이 생기면서 불쾌한 증상이 나타나고 정신적 문제가 마음의 병으로 번지고 말죠."

"과학적 원리를 아니까 어떤 면에서는 속이 시원해요."

"보통 정신과에서는 이런 원리를 일일이 가르쳐주지 않아요. 그리고 원리를 안다고 해도 스트레스 자체를 피할 수는 없어요."

"그건 그렇겠죠."

"좋은 스트레스라 생각하고 적당히 노력하는 게 제일 좋아요."

"그렇지만 그게 마음대로 안 될 때도 있잖아요."

"그래서 만성 스트레스 반응 상태가 되면 스스로 깨닫고 스트레스를 해소하는 과정이 반드시 필요해요."

그는 다시 손가락으로 캐비닛을 똑똑 두드리며 말했다.

"이건 스테인리스."

'제발, 알았다고요.'

"스트레스, 스테인리스."

도대체 저 개그가 정말 재미있다는 건지 의심스러운 눈으로 무천 도사를 쳐다봤다.

"히나타 씨, 그렇게 차가운 눈으로 보면 나도 스트레스 받아요."

"그건 필요한 스트레스예요, 선생님."

나도 슬며시 농담을 던졌다.

현재에 집중하는 방법
'마인드풀니스'

만성 스트레스 반응 상태의 특징은 마치 내리막길에서 구르는 것처럼 상태가 순식간에 악화되는 것이다.

"바로 기억력과 상상력 때문이에요."

"기억력과 상상력이요?"

"인간에게 없어서는 안 될 소중한 두 능력이 아주 골칫거리가 되곤 하죠. 기억력과 상상력만 없어도 정신적 문제를 겪는 사람은 훨씬 적을 거예요."

"왜 그렇죠?"

잘 모르겠다는 표정인 내게 무천도사가 물었다.

"퇴근해서 집에 갔는데 일 생각으로 스트레스를 받은 적 없어요?"

"있죠. 누구나 있지 않을까요?"

"그래요, 그게 기억력이 하는 짓이에요. 집에 있으면 일에서 벗어난 상태이니까 일부러 떠올리며 업무 스트레스를 받을 필요가 없어요."

"맞는 말이기는 한데……."

"특히 마음의 상처를 잘 받는 사람은 의무감에 일부러 일을 집까지 가지고 오곤 하죠. 그렇게 과하게 노력하다가 지치고 나쁜 기억만 남아서 머릿속을 뱅뱅 맴돌아요."

"무슨 말인지 알 것 같아요."

"또 상사에게 괴롭힘을 당한 사람은 집에 와서도 털어버리지 못하고 스트레스를 받아요. 그러다 만성 스트레스 반응 상태가 더 심각해지는 거예요."

"저도 밤에 자다가 방문 영업하는 꿈을 꾸고 갑자기 심장이 벌렁벌렁해서 벌떡 일어난 적이 있어요."

"자면서도 스트레스 반응을 보일 만큼 심각한 상태였군요."

다정한 말을 듣는 순간 나도 모르게 눈물이 흘러내렸다. 그렇게 슬프지도 않았는데 눈물이 뚝뚝 떨어져서 오히려 당황하고 말았다.

"약을 쓰지 않을 거라서 조금 힘들겠지만 함께 노력하면 잘 대처할 수 있어요. 걱정하지 말아요."

나는 대답도 못한 채 고개만 끄덕였다.

"한편 상상력은 미래의 상황을 멋대로 예측하게 만들어요. 내일도 똑같은 일이 반복될 것이라는 생각에 빠져버리죠. 아직 일어나지도 않은 일로 스트레스를 받는 거예요."

나는 속으로 맞장구를 치면서 눈물을 닦고 심호흡했다.

"실제 눈앞에는 아무것도 없는데 기억과 상상이 만들어낸 산물로 스트레스를 받는 생물은 분명 인간밖에 없을 거예요. 과거와 미래를 멋대로 상상하면서 스트레스를 받고 결국 만성 스트레스 반응을 일으키죠."

다시 말해 집에서 마음 편히 쉴 수만 있어도 완전히 달라진다는 건가? 무천도사는 내 마음을 읽었다는 듯 더 자세하게 설명했다.

"눈앞의 현실이 아니라 과거나 미래에 관해서 이런저런 생각을 하는 상태를 '마인드 원더링mind-wondering'이라고 해요."

마인드 원더링? 머릿속에서 낯선 단어가 메아리처럼 울렸다.

"현실이 아니라 과거나 미래를 생각하는 게 문제니까 이런저런 생각을 집어치우고 현실만 보려고 하면 돼요."

겨우 눈물이 멎은 나는 코맹맹이 소리로 말했다.

"그게 되면…… 이렁 고생…… 앙 하죠."

그러자 그가 힘주어 말했다.

"됩니다. 연습하면 누구나 할 수 있어요."

정말일까? 무천도사는 의심하는 나를 손가락으로 가리키며 말했다.

"문제는 '언제 시작하는가'입니다."

그리고 하얀 이를 드러내며 씩 웃었다.

"바로 지금입니다!"

무천도사는 책상에서 일어나 화이트보드로 다가갔다. 화이트보드의 고정 장치를 풀고 한 바퀴 빙글 돌리자 뒷면에 있던 글씨가 나타났다.

마인드풀니스Mindfulness.

빨간색으로 크게 쓰여 있었다.

"요즘 흔히 말하는 '명상'이에요."

나는 화이트보드를 돌리는 극적인 연출에 놀라서 어안이 벙벙한 상태였다. 그런 나를 전혀 신경 쓰지 않고 그는 계속 설명했다.

"지금 이 순간에 집중해서 마음속을 '현재'로 가득 채우는 겁니다. 그게 마인드풀니스예요."

마음속을 현재로 채우라니 무슨 말일까?

"호흡이 기본이에요. 우선 이 의자에 앉아봐요."

무천도사가 말하는 대로 나는 소파에서 일어나 책장 앞에 있는 의자로 이동했다.

"등을 곧게 펴서 등받이에 기대지 말고 앉으세요. 몸에 힘을 빼고요."

수상한 최면술사가 떠올랐지만 그의 지시를 따랐다.

"눈을 감고…… 천천히 숨을 쉬어요. 천천히, 천천히."

나는 코로 숨을 들이마시고 입으로 느리게 내쉬었다. 그러자 무천도사가 지적했다.

"아니, 아니에요. 대부분 의식적으로 호흡할 때 들이마시기부터 하는데, 호흡은 내쉬고 나서 들이마시는 거예요. 먼저 가슴속에 담아둔 공기를 전부 내쉬어요."

나는 지시대로 숨을 끝까지 내뱉었다.

"좋아요. 자, 이제 코로 들이마셔요. 호흡에 집중해요. 3초 들이마시고 6초 내뱉고……. 숨을 모조리 내보낸다는 생각으로요."

조금 익숙해지자 그가 적당히 간격을 두며 지시했다.

"콧구멍을 지나는 공기를 느껴봐요. 배에 공기를 집어넣었다가 빼고, 집어넣었다가 빼고……."

느긋한 분위기에서 그의 지시가 계속됐다.

"호흡에 의식을 집중시킨 상태에서 가능하면 마음속으로 이렇게 말해봐요. '숨을 들이마신다', '숨을 내쉰다', 계속 반복하는 거예요."

'진짜 편안해졌어. 그런데 눈을 뜨면 아무도 없고 그런 건 아니겠지?'

그런 생각을 떠올린 순간 바로 무천도사의 지적이 날아왔다.

"잡념이 떠오르죠? 잡념이 들면 마음속으로 '다시'라고 외치고 의식을 호흡에 집중해요. 잡념이 드는 건 잘못한 게 아니니까."

잡념이 떠오른 순간 그런 지적을 받는 바람에 무심코 소리 내서 말할 뻔했지만 꾹 참았다.

"잡념이 떠오른 것을 깨닫고 다시 반복하는 사이에 전두엽이 단련될 거예요. 다음에 설명할 셀프 모니터링과 셀프 컨트롤의 연습이기도 해요."

그는 계속해서 적당히 간격을 두면서 '숨을 들이마신다……, 들이마신다'와 '숨을 내쉰다……, 내쉰다'를 반복했다.

10분 정도 지났을까?

"좋아요. 히나타 씨, 이제 눈을 떠요."

나는 서서히 눈을 떴다. 마치 아침에 일어나 막 눈을 뜬 것 같은 기분이었다. 눈을 뜨자 한꺼번에 시각과 청각으로 다양한 정보가 쏟아져 들어왔다. 호흡에 집중했을 뿐인데 머릿속이 맑아져서 깨끗한 백지 상태가 됐다는 사실이 놀라웠다.

"천천히 움직이면서 의식을 깨우도록 해요."

그의 말에 따라 나는 목과 어깨를 가볍게 몇 번씩 돌리면서 '아~' 하고 소리를 냈다.

"마음이 지쳤다는 건 과거의 기억과 미래의 망상에 얽매여 있다는 말이에요. 그래서 현실을 바라보는 일에 집중하다 보면 마음이 조금은 편해져요."

"현재의 자신을 의식하는 거군요."

"맞아요. 호흡에 의식을 집중시키는 것 이외에 자율 훈련법이라는 방법도 있어요."

무천도사는 화이트보드에 여섯 가지 요소를 적어 내려갔다.

"여기 쓴 것처럼 팔다리, 호흡, 심장, 배, 이마에 의식을 집중시키면 마인드 원더링으로 인한 스트레스의 증폭을 막을 수 있어요. 자연히 스트레스 호르몬 분비도 억제되죠."

무천도사의 이야기를 들으며 나는 명상을 하면서 느낀 감각을 떠올렸다. 일순 우주 공간에 혼자 내던져진 느낌이었다. 그게 마인드

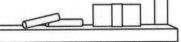

자율 훈련법의 주요 내용

1. 양팔, 양다리가 무겁다.
2. 양팔, 양다리가 따뜻하다.
3. 호흡이 안정적이다.
4. 심장이 천천히 뛴다.
5. 배가 따뜻하다.
6. 이마가 차갑다.

풀니스라는 것일까? 진짜로 기분 나쁜 일을 떠올리거나 상상하면서 고민하던 시간을 줄일 수 있으리라는 믿음이 생겼다.

"규칙적으로 하려면 1번과 2번을 자기 전이나 목욕하기 전 등 시간을 정해놓고 하는 것이 좋아요."

나는 힘차게 머리를 끄덕였다.

"익숙해지면 바로 현실만 의식하는 상태가 될 수 있을 거예요."

"오늘부터 해볼게요."

"이것 말고도 현재에 집중할 수 있는 효율적인 훈련법이 하나 더 있어요."

"그게 뭐죠?"

"바로 '실황 중계법'이에요."

"실황 중계법이요?"

"걸으면서 '나는 지금 걷고 있다. 오른발 왼발 오른발 왼발' 이렇게 마음속으로 소리를 내서 자기 행동을 실황으로 중계하는 거예요."

내가 정말 효과가 있는 방법인지 미심쩍어 하자 그가 진지하게 설명했다.

"머릿속 사고와 감각, 행동을 일치시키는 것을 '싱글 태스킹single tasking'이라고 합니다. 싱글 태스킹도 셀프 모니터링이나 셀프 컨트롤 훈련에 속해요. 여러 가지 일을 동시에 하는 멀티 태스킹과 달리 싱글 태스킹은 뇌의 에너지 소비를 줄여서 전두엽을 쉬게 해줘요."

"그렇군요."

"속는 셈 치고 식사 시간이나 지하철 안에서 신경 써서 해봐요."

나는 억지로 고개를 끄덕였다.

그러자 무천도사가 내게 손을 뻗어 무언가를 돌려달라는 듯 손끝을 까딱거렸다. 그제야 내가 빨간 풍선을 계속 안고 있었다는 사실을 깨달았다. 황급히 풍선을 건네자 그는 풍선을 받아 들며 말했다.

"이 풍선은 또 써야 해서 줄 수 없어요. 매번 불면 볼이 아파서 말이죠."

애초에 갖고 싶지도 않았던 데다가 볼이 아플 정도면 공기주입기를 사면 될 일 아닌가? 이럴 때 무천도사는 꼭 어린아이 같다.

"터지면 안 되니까 몰래 여기다 감춰놓거든요."

무천도사는 책상 맨 아래 서랍을 열며 미소 지었다.

"그럼 오늘은 여기까지 하죠. 감사합니다."

나는 꾸벅 인사를 하며 다음 주에 보자는 무천도사의 마지막 말을 뒤로 하고 진료실을 나왔다.

나만의 대처법
찾기

진료 예약을 일주일 후인 다음 토요일로 잡으려다 퇴근길에 들르면 좋겠다 싶어서 수요일 밤으로 조정했다. 그날은 야근이 없기도 했고 얼른 다른 셀프 메디케이션 방법도 배우고 싶었기 때문이다.

수요일 저녁 6시 정각에 퇴근하고 6시 반쯤 클리닉에 도착했다. 진찰실 문을 열자 무천도사가 "오, 히나타 씨, 좀 어때요?"하고 웃는 얼굴로 맞이했다.

"여전히 몸이 안 좋은 날이 있지만 마인드풀니스와 자율 훈련법은 그럭저럭 잘하고 있어요."

내 대답을 듣고 그는 팔짱을 낀 채 고개를 끄덕이며 말했다.

"잘 못해서 고생하는 사람도 있는데 히나타 씨는 소질이 있군요."

그는 만족스럽다는 표정으로 "오래 끓일수록 깊은 맛이 나는 법이죠"라는 말을 덧붙였다.

또 뜻 모를 소리를 중얼거리는 무천도사를 보며 나는 늘 앉던 소파에 앉았다.

"마인드풀니스랑 자율 훈련법은 언제 해요?"

무천도사의 질문에 나는 노트를 꺼내며 대답했다.

"침대에 누워서 잠들 때까지 하고 있어요."

"좋아요."

정말 잘 하고 있는 건지 모르겠다며 나는 말을 이어갔다.

"가끔 실황 중계도 하고요. 걸으면서 신경 써서 하려고 해요."

"좋아요, 좋아."

만족스러운 듯 그는 싱글벙글했다.

"자율 훈련법을 할 때 '팔다리가 무겁다'라고 생각하는 편이 집중이 잘 되더라고요. '팔다리가 따뜻하다'는 솔직히 느낌이 잘 안 와서 금방 끝나버려요."

"사람마다 차이가 있으니까 마음에 드는 방식으로 꾸준히 하면 돼요."

나는 가볍게 고개를 끄덕였다. 확실히 자율 훈련법을 시작하고 최근 며칠간 스트레스에서 해방된 시간이 늘어난 것 같았다.

친절한 눈길로 나를 보던 무천도사는 "좀 어려운 이야기를 할까 해요"라며 먼저 양해를 구했다. 또 강의가 시작될 모양이었다.

"호흡에는 세 가지 종류가 있는데, 각자 조절하는 뇌의 부분이 달라요."

언뜻 듣기에도 어려운 말에 나도 모르게 한숨이 흘러나왔다. 하지만 원리를 이해해야 훈련이 훨씬 효과적인 것을 경험했기에 무천 도사의 말에 집중했다.

"평소에 의식하지 못하고 자연스럽게 하는 호흡(대사성 호흡)은 뇌간이 조절합니다. 우리가 연습하는 호흡법처럼 의식적으로 하는 호흡(행동성 호흡)은 대뇌피질, 마음에 따라 동요하는 호흡(정동성 호흡)은 편도체가 담당해요."

"같은 호흡인데 사령실이 다르다니 재밌네요."

그가 계속 말했다.

"불안하거나 짜증이 나면 호흡이 얕아지거나 빨라지죠. 그게 정동성 호흡을 한다는 증거예요. 정동성 호흡을 조절하는 편도체는 다양한 감정을 만들어내는 정동 중추이기도 해요."

"감정과 호흡이 뇌의 같은 부분에서 만들어진다는 말인가요?"

"네, 흥미로운 사실이죠? 불안하거나 짜증이 나서 호흡이 얕아지고 빨라지는 게 아니라 호흡이 얕아지고 빨라져서 불안하고 짜증 나는 감정이 생기는 거예요. 근육이 긴장하거나 혈압이 상승하기도 해요."

"네? 그게 무슨 말이죠?"

"정동성 호흡이 감정에 영향을 미칠 수 있다는 뜻이에요. 다시 말해 불안하거나 짜증날 때 일부러 천천히 호흡해서 반대로 감정을 조절할 수 있다는 말이죠. 정동성 호흡을 행동성 호흡으로 바꾸는 겁니다."

"와, 굉장한데요!"

호흡의 예상치 못한 효과에 나는 감탄했다. 무천도사는 이해한다는 듯 미소를 지으며 계속했다.

"그러니까 '호흡법'이라고 부르는 거예요. 마음과 호흡은 서로 이어져 있어요."

"마음과 호흡은 이어져 있다……."

나는 그 말을 되풀이했다.

"한자로 자신을 의미하는 스스로 자自 자에 마음 심心 자를 붙이면 뭐가 되죠?"

"스스로 자自 자에 마음 심心 자면, 우와, 숨 쉴 식息 자군요!"

내 대답에 무천도사가 엄지를 치켜세웠다.

"그만큼 호흡이 중요한 거예요. 앞으로도 3초 들이마시고 6초 내쉬기를 잊지 말아요. 호흡은 편도체도 속일 수 있으니까요."

그가 씩 웃으며 말했다.

"지금까지 설명했지만 마인드풀니스랑 자율 훈련법은 집에서 안정을 취한 상태에서 할 수 있는 방법이에요. 그런데 사실 스트레스는 일하는 중에 폭풍처럼 덮쳐오곤 하죠."

맞는 말이다. 일하는 도중에 스트레스를 받으면 어떻게 해야 할지 알 수가 없었다. 그저 참고 견디는 수밖에 없는 걸까? 무천도사가 해결책을 알려줄 지도 모른다는 기대에 차서 그의 말을 기다렸다.

"큰 사건이나 문제보다 일상적으로 쏟아지는 작은 스트레스가 마음을 더 어지럽히죠. 그래서 언제 어디서나 할 수 있는 스트레스 해소책을 알고 있으면 무척 유용해요."

"네, 정말 그럴 것 같아요. 그런 방법이 있나요?"

기다렸다는 듯이 동의하는 내게 그가 말했다.

"물론이죠. 방법이 있어요."

그 말이 떨어지기 무섭게 나는 "알려주세요!"라고 소리쳤다. 그리고 그의 말을 메모하려고 펜을 쥔 손에 힘을 주었다.

"일상에서의 스트레스 해소법을 '코핑'이라고 해요."

"코핑이요?"

얼굴에 물음표가 가득한 나를 보며 그는 화이트보드 앞에 가서 cope라고 썼다.

"cope는 '잘 처리하다, 대응하다, 대처하다'라는 의미의 동사예요."

그렇게 설명하고는 손가락으로 마지막 e를 쓱 지우고 ing를 붙인다.

"이게 코핑."

나도 노트에 coping이라고 쓰고 그를 바라봤다.

"코핑을 하는 방법은……."

"네."

"코핑을 하는 방법은 말이죠……."

"네!"

"그러니까 코핑을 하는 방법이⋯⋯."

"뜸 좀 그만 들이고 빨리 가르쳐주세요."

"코핑 방법은⋯⋯ 스스로 찾는 거예요."

맙소사. 스스로 찾으라고? 놀라서 휘청하는 나를 보고 무천도사가 진지한 표정으로 말했다.

"농담이 아니라 코핑은 스스로 해소책을 찾아서 실천하는 방법이에요."

마인드풀니스나 자율 훈련법처럼 지금까지 몰랐던 구체적인 방법을 배울 줄 알았던 나는 실망하고 말았다.

"스스로 찾으라니, 뭘 어떻게 하면 되는데요?"

내 질문에 그가 대답했다.

"어떤 일에 어느 정도 스트레스를 받는지, 어떻게 하면 다스릴 수 있을지는 사람마다 다 달라요. 자신을 객관적으로 관찰하고 생각해서 실천하면 언제 어디서나 할 수 있는 맞춤형 코핑 방법을 만들 수 있어요."

당연히 내가 직접 생각해내면 맞춤형이 되겠지만 어떻게 해야 할지 전혀 감이 오지 않았다.

"다만 다스리는 방법을 잘못 찾으면 증상이 더 심해지는 악순환에 빠질 수 있으니 조심해야 해요."

"네? 무슨 뜻이죠?"

"예를 들면 스트레스를 해소하려고 기분 전환 삼아 여행을 갔다고 해봐요. 기분은 나아졌지만 몸이 너무 피곤하고 잠도 잘 못 잤어요. 그러면 휴가가 끝나고 일하기가 더 힘들어지죠. 이처럼 역효과가 나는 경우도 있다는 말이에요."

"아, 그럴 수도 있죠."

"따라서 '스트레스 해소=기분 전환=여행'이라고 단순화하지 말고 먼저 자기 성격과 성향, 생활 리듬을 잘 생각해봐야 해요. 한정된 에너지를 어떻게 배분하는지가 중요해요. 기분 전환을 하면 나아질 것이라는 생각은 무척 위험할 수 있어요."

갑자기 무천도사가 검지를 세워서 "첫째!"하고 외쳤다.

"그럼 이제 맞춤형 코핑을 찾는 방법을 알려줄게요. 먼저 자기가 언제 어떤 일에 스트레스를 받는지 객관적으로 관찰(모니터링)해야 합니다. 이게 지난번에 말한 셀프 모니터링이에요."

"셀프 모니터링. 나를 관찰하라고요?"

"막연하게 그냥 스트레스를 받았다고 생각하지만 말고 원인을 명확하게 찾아봐요."

"저는 무엇보다 방문 영업으로 가장 스트레스를 받아요. 엄청난 용기가 필요하거든요. 영업을 나간다는 생각만 해도 문전박대 당하면 어쩌나 하며 가슴이 울렁거리고 안절부절못해요. 정말 괴로워요."

말하는 도중에 또 한 가지가 떠올랐다.

"매주 금요일에 상사한테 잔소리 듣는 것도 스트레스예요."

그는 잠자코 고개만 끄덕였다.

"아, 혼잡한 출근길 지하철도요."

말하다 보니 의외로 많다는 생각이 들었다. 무천도사가 말했다.

"셀프 모니터링이 익숙해지면 스트레스를 받은 상태가 아니어도 평소의 자세나 호흡, 사고를 반복적으로 관찰하도록 할 거예요. 그러면서 무의식 중에 일상적으로 자신을 모니터링하는 단계까지 가도록 훈련하는 거죠."

"꽤 힘들겠어요."

"네. 자기 자신과 마주해야 하는 힘든 훈련이에요. 하지만 그 수준까지 도달하면 사소한 전조 증상도 즉시 알아차릴 수 있어요. 재발 방지에 아주 효과적이죠. 굳게 마음을 다잡고 노력하지 않으면 안 됩니다."

그의 말에 나는 정신이 번쩍 들었다. 직장을 그만두지 않는 한 방문 영업 스트레스에서 벗어나기는 힘들었다. 벗어날 수 없다면 적어도 스트레스를 조절할 수 있으면 좋겠다. 다시 지하철에서 쓰러질 것 같은 기분을 느끼고 싶지 않았다.

그때 무천도사가 손가락 두 개를 세워서 "둘째!"라고 외쳤다.

"다음으로 나의 스트레스가 어떤 스트레스인지 관찰해요."

"어떤 스트레스인지요? 그게 무슨 말이죠?"

"말하자면 스트레스 정도가 얼마나 되는지, 스스로 어떤 반응을 보이는지 말해보는 거예요."

"너무 어려워요."

"어렵다고 생각하지 말고 일단 한번 해봐요. 0을 기준으로 마이너스 10에서 플러스 10까지 점수로 표현해봐요. 가슴이 울렁거리는 불안을 느낄 때는 마이너스 8. 이런 식으로요."

"아, 네."

"왠지 위가 아프고 식욕이 없을 때는 몸 상태가 마이너스 4, 망설이던 일을 시작했을 때는 의욕이 플러스 7. 이렇게 고양감이나 희망, 공포, 분노, 초조함 등을 자기 나름대로 기준을 정해 플러스나 마이너스로 나눠서 표현하면 돼요."

"어떤 기준으로 수치를 나누죠?"

"기본적으로는 자기 느낌대로이지만 자칫 좋을 때는 너무 높게, 나쁠 때는 너무 비관적으로 평가하기 쉬워요. 몸의 신호를 알아차리는 게 목적이므로 자기만의 기준을 확실히 만들어두는 게 좋아요. 그리고 자신의 상태를 수치화해서 재발 위험을 줄이는 것이 셀프 모니터링의 포인트예요."

수치화하는 것이 정말 효과가 있을까 의심스러우면서도 나는 대답했다.

"그럼, 무작정 찾아가는 영업은 가슴이 조여오고 울렁울렁하니까 기분이 마이너스 10."

"네, 그렇게 하면 돼요."

"상사의 잔소리를 들으면 기분이 우울해지니까 마이너스 4. 출근 길 지하철은 소리 지르고 싶을 정도로 짜증이 나니까 마이너스 3."

"잘하네요. 히나타 씨는 역시 소질이 있어요."

운동이나 그림에 소질이 있다면 몰라도…… 과연 칭찬일까? 그래도 잘 못한다는 것보다는 낫다는 생각에 미소가 떠올랐다.

평일 저녁 클리닉은 토요일 오후와 비교해 더 고요했다. 적막을 뚫고 무천도사가 손가락 세 개를 세우며 외쳤다.

"셋째! 스트레스에 맞는 해소법을 스스로 찾는다."

"해소법을 찾으라고 하지만 몸도 마음도 지쳐버렸을 때는 뭘 하면 좋을지 모르겠어요."

"찜질방은 어때요?"

"그런 것도 효과가 있나요?"

"물론이죠. 다만 맛있는 음식을 먹는 것 같은 일반적인 스트레스 해소 방법과는 다르다는 사실을 잊지 말아요. 특히 노래방처럼 기분 전환을 위한 행동은 주의해야 해요."

노래방이 제일 좋은 방법이라고 생각했는데 의외였다.

"왜요?"

"기분을 고조시키는 행동은 경조증 상태를 불러와요. 스트레스를 해소하기보다 과활동을 초래할 수 있거든요. 그러면 혼재 상태나 우울증에 빠질 위험이 있어요."

"그렇군요."

음악을 듣거나 치즈케이크를 먹는 등의 몇 가지 아이디어가 떠올랐다. 생각하는 내 모습을 보고 그가 덧붙여 말했다.

"일단 열 가지 정도 생각해봐요."

"열 개나요?"

스트레스 해소법을 한 번도 생각해본 적이 없었던 터라 쉽게 떠오르지 않았다. 무천도사는 말을 이어갔다.

"열 가지 중에서 각각의 스트레스에 맞는 해소법을 찾을 거니까 가능한 다양하게 생각해두는 것이 중요해요. 생각나는 대로 적어봐요. 스트레스 해소법을 상상하는 것만으로도 멋진 스트레스 해소 대책이 되거든요."

"쇼핑 삼매경에 빠진 모습을 상상하는 것도 괜찮나요?"

"음, 그건 좀 조심할 필요가 있어요. 기분이 고조되는 상상은 경조증을 초래할 수 있어요."

"상상하는 것도 안 돼요?"

"노래방이랑 마찬가지로 경조 상태나 혼재 상태에 빠져서 과활동을 초래할 위험이 있어요. 아무래도 올라가면 다시 떨어지기 마련이거든요."

"어렵군요."

내가 투덜대든 말든 무천도사는 카운트다운을 시작했다.

"제한 시간은 20분! 준비, 땅! 째깍째깍, 째깍째깍……."

갑작스러운 시간 제한에 나도 모르게 허둥지둥 머리를 쥐어짜기 시작했다. 펜을 들고 서둘러서 써 내려가다 보니 생각보다 술술 써졌다. 10분도 지나지 않아 쉽게 열 개 이상을 꼽을 수 있었다.

좋아하는 만화책 보기. 상사 얼굴의 점 세기. 부모님 댁 고양이 사진 보기. 스마트폰에 저장해둔 영화 보기. 의식적으로 호흡하기. 멀리 있는 경치 바라보기. 치즈케이크 먹기. '어떻게든 되겠지!'라고 말하기. 친구와 전화하기. 근처 산책하기. 책 읽기. 네일 숍에 가기. 미용실에서 염색하기.

무천도사는 목록을 훑어보며 살짝 미소 지었다.

"좋은데요. 상사 얼굴의 점을 세는 것은 금요일에 잔소리 들을 때 딱 맞는 방법이겠어요. 그런데 단 음식을 먹는 방법은 혈당치 조절을 위해 내장 기관이 더 많은 활동을 하게 만드니까 일시적인 코핑이에요. 치즈케이크처럼 달콤한 음식의 과다 섭취는 마음의 건강을 위해서 피하는 편이 좋아요."

메모하면서 듣고 있던 내게 예상치 못한 지적이 이어졌다.

"좋아하는 만화책이나 저장해 놓은 영화를 보는 것은 좋은 취미지만 뇌와 눈에 피로가 쌓여서 스트레스 해소법으로는 적절하지 않아요."

냉정한 지적에 살짝 풀이 죽었다.

"그리고 친구와 전화하기도 설령 기분은 나아질지 모르지만 뇌는 피곤해져요. 결국 과활동을 초래할 수 있으니까 처음에는 전문가와의 대화 말고는 적극적인 대화도 자제하는 편이 좋아요. 기분을 좋게 만들려 하기보다 평온한 상태를 만든다고 생각해봐요."

나는 살며시 고개를 끄덕였다.

"과한 참견 같겠지만 이 부분에서는 엄격하고 철저한 관리가 필요합니다. 적당히 타협하면 치료가 어려우니 명심해요."

그는 계속 말을 이어갔다.

"어떤 스트레스에 어떤 해소법을 사용해야 효과적인지를 아는 것이 중요해요. 지금 느끼는 스트레스의 성질을 파악한 다음 해소법 목록에서 잘 맞는 것을 찾아내는 것이 핵심이에요."

"스트레스의 성질이요?"

"네, 예를 들어 가슴이 조여오는 통증은 몸이 느끼는 증상이잖아요. 그럴 때는 신체적인 해소법인 호흡법이 유용하겠죠. 호흡법을 실행하기 어려우면 음료를 마시기만 해도 긴장이 풀어지지 않을까요? 위장에 수분이 들어가면 부교감 신경이 자극을 받거든요. 그 밖에도 목을 천천히 돌리는 등의 그 자리에서 할 수 있는 간단한 스트레칭도 효과가 있어요."

신체적 증상에는 신체적 해소법이라니 쉽게 이해할 수 있었다. 끄덕이는 나를 보며 무천도사의 조언이 계속되었다.

"상사의 귀찮은 잔소리는 어떻게 느끼고 받아들이는 지의 문제이므로 점을 세면서 자극 자체를 피하는 방법도 좋아요. 아니면 잔소리도 월급에 포함된 의무라고 생각하면서 적응해보는 건 어때요?"

그것도 나쁘지 않을 것 같았다. 잘못을 지적하는 것이라면 반성하고 고치겠는데 금요일 오후마다 습관적으로 이어지는 상사의 트집에는 상처만 받을 뿐이었다. 그래서 생각해낸 것이 얼굴의 점을 세며 다른 것에 집중하는 방법이었다. 하지만 잔소리도 월급에 포함됐다고 생각하면 어느 정도 견딜 수 있을 것 같다.

"답답해서 소리치고 싶을 때는 머릿속에 떠오른 말을 수첩에 막 적는 거예요. 소리 지르는 것을 대체하는 행동이죠."

내 생각을 뛰어 넘는 효율적인 대처법에 감탄하지 않을 수 없었다.

내가 노트에 메모하는 동안 잠시 기다려주던 무천도사가 손가락 네 개를 세워 "넷째!"하고 외쳤다.

"마지막입니다. 해소법을 실천한 결과 스트레스가 줄었는지를 확실하게 평가하는 거예요."

"평가요?"

"매주 금요일마다 듣는 상사의 잔소리로 인한 스트레스가 그의 얼굴에 난 점을 세는 해소법을 써보니 마이너스 4에서 마이너스 1로 변했다. 이런 식으로 평가하는 겁니다."

"아, 그래서 굳이 수치로 표현한 거군요."

"스트레스가 줄지 않았다면 다른 아이디어를 더 내보는 거예요.

지금까지 말한 네 단계를 몇 번이고 계속 반복하며 스트레스 해소법을 찾는 것이 바로 코핑이에요."

　코핑이라는 단어가 여전히 낯설었지만 효과는 좋을 것 같았다. 무천도사는 "이건 그냥 지식 차원으로 알아두세요"라고 말한 뒤 화이트보드의 고정 장치를 풀어 한 바퀴 빙글 돌렸다. 화이트보드 뒷면에는 미리 써둔 파란색 글자가 늘어서 있었다.
　"스트레스 해소 방법에는 네 가지 종류가 있어요."
　그의 목소리가 치료실 안에 울려 퍼졌다.

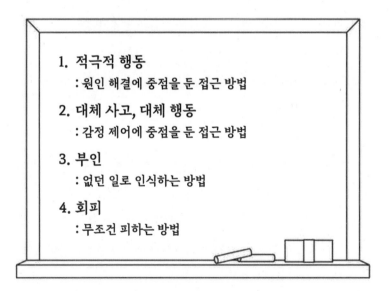

1. **적극적 행동**
   : 원인 해결에 중점을 둔 접근 방법
2. **대체 사고, 대체 행동**
   : 감정 제어에 중점을 둔 접근 방법
3. **부인**
   : 없던 일로 인식하는 방법
4. **회피**
   : 무조건 피하는 방법

"3번이랑 4번은 좀 웃긴데요."

내 말에 그는 진지한 표정으로 대답했다.

"3번과 4번도 훌륭한 스트레스 해소법이에요."

하긴 되도록 스트레스 원인을 피하는 편이 확실히 효과적일지 모른다. 또 스트레스 원인이 애당초 없었다고 치면 그것만으로 마음이 편해질 수 있을 것이다.

무천도사가 말을 이어갔다.

"하지만 3번과 4번에만 치우치면 자존감이 낮아져서 우울 상태로 이어질 수 있으니 주의해야 해요."

역시 쉽지 않다. 그래도 어쩐지 위안이 되었다.

"1번은 스트레스의 원인을 해결하는 접근 방법이에요."

"근본부터 해결하자는 거군요."

"히나타 씨가 싫어하는 방문 영업을 예로 들어보죠. 상사에게 요청해서 다른 부서로 옮기면 어때요?"

"불가능해요."

"그렇군요. 1번 방법은 해결책을 알아도 실행이 어려운 게 문제예요."

나는 고개를 끄덕이며 팔짱을 낀 채 다음 말을 기다렸다.

"다음으로 2번은 자기 감정을 제어해서 대처하는 접근법이에요."

"감정을 제어한다고요?"

"기분이 우울해질 만한 생각을 아예 하지 않거나 휴식을 취하는 거죠."

"1번보다는 2번이 더 쉽겠어요."

"또 방문 영업을 '나랑은 맞지 않다, 하기 싫다'라고 거부하지만 말고 미래를 위한 능력 계발의 기회라고 생각하는 방법도 있어요."

"생각을 바꾸라고요? 그건 좀 어렵지 않을까요? 싫은 건 싫은 거니까요."

"그럼, 왜 방문 영업이 싫은지 생각해봐요."

"이유요? 거절당할 것 같아 늘 두렵고 걱정돼요. 게다가 실적이 하나도 오르지 않아 두 배로 괴로워요."

"정말 실적이 하나도 오르지 않았어요?"

그의 물음에 나도 모르게 입을 다물었다. 어쩌다 한 건씩 성공할 때도 있기 때문이었다.

"이런 식으로 사실을 있는 그대로 보고 조금씩 생각을 유연하게 만들 필요가 있어요. 순식간에 할 수 있는 일은 아니고 시간을 들여야 하는 과정이에요. 어떻게 싫은 것이 하루아침에 좋아지겠어요. 그리고 더 중요한 것은 2번 방법이 근본적인 해결책은 아니라는 거예요."

모든 것이 마음먹기에 달렸다고 하지만 마음이 편해진다고 근본 원인이 사라지는 것은 아니지.

"좀 전에 3번과 4번이 웃기다고 했지만 사실 제일 힘든 방법일지도 모르겠어요."

"맞아요. 그래서 1번과 2번을 적절히 써가면서 중간중간 3번과 4번을 끼워 넣는 것이 가장 이상적이에요."

무천도사의 설명을 들을수록 점점 더 어려워지는 느낌이었다. 과연 해낼 수 있을까 싶은 의심이 생겨났다. 내 생각을 꿰뚫어 보기라도 한 듯 그가 말했다.

"일단은 할 수 있는 것부터 해봐요."

그의 장난스러운 말투에 웃으면서 나는 머릿속으로 '해야 할 일' 리스트를 꼽아봤다.

★ 상사의 잔소리가 시작되면 그의 얼굴의 점을 센다.

★ 만원 지하철에서는 실황 중계를 한다.

★ 일주일에 한 번은 유연 근무제를 이용해 일찍 출군한다.

★ 방문 영업을 나가기 전에는 마음을 편안하게 하는 사진을 보면서 호흡을 가다듬는다(끝까지 숨을 내쉬는 것에 집중한다).

★ 영업 중에 냉대를 받으면 그냥 없던 일로 친다.

"그럼 오늘은 여기까지 할까요?"

무천도사의 말을 신호로 나는 노트와 펜을 가방에 챙겨 넣었다.

"오늘은 맛보기로 짧게 설명했지만 사실 스트레스 해소법은 많은 훈련이 필요해요. 생각보다 어렵고 깊이 있는 방법이에요."

"네."

"외부 요인을 바꾸기는 어려워도 자신의 생각과 행동은 훈련을 통해서 얼마든지 바꿀 수 있어요. 갈 길이 멀지만 천천히 가봅시다. 우선 내일부터 스트레스 해소법을 실천해봐요."

말을 마친 후 그는 책상 서랍에서 왕꿈틀이를 꺼냈다.

진료 스트레스를 풀려고 젤리를 먹는 것일까? 나도 스트레스 해소법으로 사용해볼까? 이런 생각을 하다가 단 음식으로 기분 전환을 하는 것은 그다지 추천할 만한 방법은 아니라고 한 말이 떠올랐다.

"감사합니다. 다음 주에 봬요!"

젤리를 먹고 있는 무천도사에게 꾸벅 인사하고 클리닉을 나왔다.

스트레스를 어떻게 없앨까요?

스트레스가 모두 나쁜 건 아닙니다. 살아가면서 꼭 필요한 스트레스도 있어요. 입학이나 취직, 결혼과 같은 인생의 사건은 스트레스를 유발하지만 변화를 받아들이는 가운데 생기는 스트레스는 오히려 나중에 도움이 되기도 합니다.

하지만 밤잠을 못 이룰 정도로 마음이 지쳤을 때는 스트레스를 완화할 방법을 찾아야 합니다. 무엇보다 나에게 맞는 적절한 대처법을 만드는 것이 중요해요.

천천히 호흡에 집중해서 몸의 긴장을 풀어주는 것부터 퇴근 후 찜질방에 가거나 하고 싶은 말을 수첩에 적어보는 등 할 수 있는 것부터 하나하나 시도해보세요.

~~~~~~~~

'서캐디안리듬'을
바로 잡자

"히나타 씨, 여기 셋째 줄에 맞춤법이 틀렸잖아."

"이번 주에 방문 영업은 왜 이렇게 못 갔어? 나 때는 말이지, 점심 먹을 새도 없이 뛰어다녔다고."

금요일 오후, 영업 부장님의 잔소리 타임이 시작되었다. 이 시간이 되면 오늘은 또 무슨 일로 설교를 들을까 싶어 잔뜩 긴장되었다. 맞춤법 같은 작은 실수부터 마음가짐이나 태도에 대한 충고까지 내용은 다양했다. 하지만 솔직히 말해서 실제 일에 도움이 되는 조언이기보다 대부분 알맹이 없는 잔소리에 가까워 그 시간을 견디는 것이 무척 고역이었다.

그러나 이번엔 달랐다. 상사의 호출에 책상 앞으로 걸어가면서 점을 셀 생각을 하는 것만으로도 슬며시 웃음이 나왔다. 설교 중에 다른 데 집중할 수 있어서 좋았고 몇 번이고 다시 세는 재미에 빠져 지루할 틈이 없었다. 원래 부장님 얼굴에 점이 많은 것은 알고 있었지만 막상 세어보니 생각보다 더 많았다. 스무 개도 넘는 것 같았다. 다음 주에 더 확실하게 세어보자는 생각만으로도 금요일 오후를 맞이하는 두려움이 조금은 누그러지는 것 같았다.

유연 근무제도 효과가 있었다. 늘 9시 출근 시간에 맞추느라 가장 붐빌 시간에 지하철을 타곤 했다. 앞뒤로 빈틈없는 사람들 사이에 끼어서 40분 정도 시달리고 나면 온몸에서 힘이 빠져나갔다. 그래서 일주일에 하루는 8시에 출근하기로 했다. 단 하루지만 혼잡한 출근길에서 벗어나자 기분이 상쾌했다. 일찍 도착해 회사 근처 카페에서 느긋하게 아침도 먹었다. 각자의 일터를 향해 발걸음을 재촉하는 사람들의 활기찬 모습이 내 기운까지 북돋웠다.

가장 큰 문제인 방문 영업은 아예 없던 일로 무시하기는 어려웠다. 다만 마음이 편안해지는 사진을 보며 호흡법을 실행한 것만으로도 기분이 한결 나아져서 정말 신기했다. 수요일에 코핑을 배운 이후 토요일까지 사흘 동안 공황 상태에 빠지거나 나를 제어하지 못하는 일은 발생하지 않았다. 극적인 변화는 없었지만 막연하게 상황이 조금씩 변해간다는 느낌이 들었다.

토요일 오후 1시, 무천도사의 클리닉을 다시 찾았다.
"어서 와요. 히나타 씨, 좀 어때요?"

항상 같은 인사말.

"뭔가 크게 변한 건 아닌데요, 말로 표현할 수 없던 불안감이 조금 안정된 기분이에요."

"좋아요. 길고 치열한 싸움은 이제 시작이니까 걱정할 건 없어요. 매일 코핑에 신경 쓰는 것을 잊지 말아요."

솔직히 가슴이 두근거리거나 속이 울렁거리며 불안한 감정이 생길 때가 종종 있었다. 너무 괴로워서 약을 먹는 게 낫지 않을까 하는 생각이 들기도 했다. 하지만 두 번의 진료를 통해서 마인드풀니스나 자율 훈련법, 코핑, 셀프 메디케이션을 제대로 활용하면 근본적으로 문제를 해결할 수 있으리라는 믿음을 갖게 됐다.

"좀 전문적인 애기지만, 2017년 나고야에서 개최된 일본 정신신경학회 학술총회에서 발표된 연구 결과를 알려줄게요. 국립정신·신경의료센터의 미시마 가즈오 선생에 따르면, 우울증과 양극성 장애를 포함한 기분 장애mood disorder라는 질병이 '서캐디안리듬circadian rhythm의 이상'을 방치해서 생긴다고 해요."

"무슨 말인지 모르겠어요."

"요점은 '서캐디안리듬의 이상'을 바로잡으면 마음의 문제를 예방하고 개선할 수 있다는 말이에요."

"서캐디안리듬이 뭔가요?"

"쉽게 말해서 생체 시계가 고장 난 상태라고 할 수 있어요."

"체내 시계 말인가요?"

"맞아요. 해외 여행을 가면 시차 때문에 못 일어나는 경우가 있죠? 만약 국내에 있는데도 그런 현상이 나타나면 서캐디안리듬에 이상이 생겼다고 보면 돼요."

대략 어떤 상태인지 알 것 같았다.

"히나타 씨도 도통 잠을 이루지 못하거나 예상보다 일찍 일어나는 일이 있죠?"

나는 가만히 고개를 끄덕였다.

"서캐디안리듬이 이상해진 것을 그대로 내버려두다가 기분 장애를 초래한 거예요."

"그랬군요."

무슨 말인지 알 것 같았다.

"서캐디안리듬에 이상이 생겼을 때 제일 먼저 알 수 있는 자각 증상은 쉽게 잠들지 못하고 자다가 깨거나 아침에 일찍 일어나는 증상이에요. 하지만 이 단계에서 병원에 진찰을 받으러 가면 수면제를 처방받을 뿐이죠. 미시마 가즈오 선생은 그것부터가 문제라고 지적했어요. 일본 정신과 의사는 약을 너무 쉽게 처방한다는 거죠."

"잠을 못 자는 사람에게 수면제를 처방한 것이 잘못은 아니잖아요?"

"아니죠. 그렇지만 서캐디안리듬에 생긴 이상은 수면제를 먹어도 나아지지 않아요. 다시 말해 수면제를 먹고 잠을 잔다고 해도 근본 원인은 치료되지 않는다는 뜻이에요. 결국 기분 장애로 이어지고요."

"아……."

"사람은 멜라토닌이라는 호르몬 분비로 졸음을 느끼는데 이 멜라토닌이 서캐디안리듬을 조정해요. 그래서 수면제를 먹고 자면 서캐디안리듬은 조정되지 않을 뿐만 아니라 깊게 잠들지 못해서 피로를 풀어주는 성장 호르몬 분비도 적어지죠."

"그러니까 수면제를 먹고 잠을 자도 피로는 풀리지 않는다는 건가요?"

"네, 계속 잠이 부족한 기분이 들어요. 수면과 의식 소실은 전혀 다르니까요. 수면제는 속임수일 뿐이에요. 잠을 못 자는 환자의 의식을 잃게 만들어서 잔 것처럼 느끼게 하는 거죠."

무천도사가 처음부터 내게 수면제를 주지 않은 이유를 이해할 수 있었다.

"그럼 체내 시계가 고장 나서 잠을 못 자는 사람에게는 어떤 치료가 좋은가요?"

"우선은 생활 지도를 해야 해요. 저는 때때로 한약과 비타민을 쓰기도 하죠."

"생활 지도요?! 아니, 무슨 학교도 아니고!"

학창 시절 이후 오랜만에 듣는 단어에 순간 놀랐다.

"문제를 일으킨 생활 습관을 바꿔서 본래 수면이 가진 의미를 되찾아주는 거예요. 적어도 수면제를 처방하기 전에 하루에 커피를 몇 잔 마시는지 확인해봐야 해요."

"커피요?"

"네, 커피를 너무 많이 마시고 있다면 수면제를 처방하기 전에 커피 양을 제한하는 방식으로 생활 지도를 하는 거죠. 우선 흡연이나 알코올, 카페인을 멀리하고 일찍 잠자리에 들도록 노력해야 합니다. 수면을 방해하는 안 좋은 습관을 끊어내는 과정이에요."

"자연스럽게 졸린 상태를 만들어야 한다는 말이군요?"

"맞아요. 일찍 일어나면 싫어도 빨리 잠들 수밖에 없으니까요. 그렇게 식습관과 운동, 마음의 안정을 취하는 여러 방법을 우선 시도해봐야 합니다. 의외로 약을 먹지 않고 효과를 보는 경우가 많아요. 금연이나 금주는 혼자 하려면 힘들지만 클리닉에서 정확한 방법을 알려주고 도와주면 환자도 잘 따라오거든요."

그 말에는 나도 매우 동감했다. 다이어트나 운동을 시작할 때도 마찬가지였다. 전문 강사가 옆에서 알려주고 확인하면 훨씬 효과가 좋았다.

오렌지색
선글라스

고개를 힘차게 끄덕이는 나를 보고 미소를 지으며 무천도사는 책상 서랍에서 오렌지색 선글라스를 꺼냈다.

"그건 뭐예요?"

"선글라스요."

무천도사는 내가 몰라서 물은 게 아니라는 것을 뻔히 알면서도 장난을 쳤다.

"선생님 선글라스예요?"

"네."

오렌지색이라니 취향도 참 독특하지. 몇십 년 전 연예인이 썼을 법한 선글라스를 보고 나는 속으로 생각했다. 그는 남의 시선은 신경 쓰지 않는다는 듯이 천천히 안경닦이로 더러워진 렌즈를 닦았다. 그리고 선글라스를 쓰더니 새하얀 치아를 드러내고 씩 웃으며 포즈를 취했다.

"어때요?"

"아……, 멋져요."

차라리 눈썹이랑 콧수염이 달린 장난감 안경이 낫겠다는 생각이 들었지만 아무 말도 하지 않았다. 그러자 그가 선글라스를 벗어 내게 건네며 말했다.

"마음에 들어서 다행이에요."

"네?"

"이거 오늘부터 히나타 씨가 쓸 거니까요."

"네?!"

"히나타 씨한테 분명 잘 어울릴 거예요."

"네?!!!"

"자, 어서 써봐요."

"진심이에요?"

나는 너무 놀라서 입을 다물 수 없었다.

난해한 취향의 오렌지색 선글라스를 받아 들고 어쩔 줄 몰라 하는 내게 무천도사가 말했다.

"인류는 지구에서 300만 년이 넘도록 살면서 아침 햇살에 들어 있는 블루라이트로 뇌를 각성시키고 저녁놀의 오렌지빛으로 졸음을 느끼며 살아왔어요."

"대서사시 같아요."

"그런데 현대인은 밤 늦게까지 스마트폰이나 컴퓨터, 텔레비전, 야광등에서 나오는 블루라이트에 계속 노출되잖아요. 뇌를 각성시키는 블루라이트에 밤에도 노출돼 있으니 서캐디안리듬이 무너지는 게 당연해요."

"그게 이 선글라스와 무슨 관계가……?"

내 말을 자르고 그가 계속했다.

"수면제를 먹기보다 아침에 일찍 일어나서 햇빛을 쐬고 밤에 일찍 잠자리에 들어서 아침까지 푹 자는 생활 리듬을 되찾으면 마음의 문제를 예방하고 개선할 수 있어요. 거기에 필요한 필수 아이템이 바로 이 선글라스예요."

"이 오렌지색 선글라스가 필수 아이템이라고요?"

내가 전혀 이해할 수 없다는 표정을 짓자 그가 말했다.

"오렌지색 빛은 수면을 유도하는 멜라토닌 호르몬의 분비를 25퍼센트 높여줘요."

"25퍼센트나요?"

"히나타 씨에게도 지금까지의 생활 습관을 개선하도록 할 생각인데 뭐든지 갑자기 바꾸기는 어렵잖아요?"

"그렇죠."

"밤이 되면 집에서 이 선글라스를 쓰고 생활하는 것부터 시작해봅시다."

선글라스를 집에서만 쓰면 된다는 말에 마음이 좀 놓였다.

"그런데 정말 효과가 있을까요?"

내 질문에 그는 자신감에 차서 대답했다.

"있어요. 오렌지색 선글라스를 여러 개 준비해서 우리 클리닉에 오는 불면증 환자들에게 빌려줬거든요."

"결과는요?"

"놀랍게도 2주 만에 모두 불면증이 없어졌어요."

"정말이요?!"

"거짓말하면 망태 할아버지한테 잡혀가요."

망태 할아버지? 당황한 나에게 그는 웃으며 말했다.

"그 이후로 우리 클리닉에서는 불면증을 호소하는 환자에게 오렌지색 선글라스를 사서 밤에 쓰도록 지도하고 있어요."

"과연……."

손에 든 오렌지색 선글라스를 보면서 감탄하는 내게 그가 진지하게 말했다.

"그런데 한 가지 문제가 있어요."

"뭔데요?"

"이런 오렌지색 선글라스를 쉽게 구할 수 없다는 거예요."

"그렇겠죠, 흔한 색은 아니죠."

그는 오렌지색 선글라스를 구할 수 없으면 블루라이트를 차단(정확히는 540나노미터 이하의 파장을 차단)하는 안경도 효과가 있다고 알려주었다. 선글라스로 블루라이트를 차단하는 동시에 해가 진 이후에는 블루라이트에 노출되는 시간을 최대한 줄이고 아침 일찍 일어나는 습관을 들인다. 이 두 가지만 잘 지켜도 서캐디안리듬이 안정되면서 기분 장애를 일으킬 확률이 낮아진다고 한다. 나는 감사한 마음으로 한동안 오렌지색 선글라스를 빌리기로 했다.

그리고 노트에 다음과 같이 적었다.

★ 몇 시에 자든 다음 날에는 정해진 시간에 일찍 일어난다.

★ 매일 아침 햇빛을 쬔다.

★ 해가 진 이후에는 컴퓨터와 스마트폰의 사용을 피한다.

★ 해가 진 이후부터 잘 때까지 오렌지색 선글라스를 쓴다.

★ 너무 늦게 자지 않는다.

우울할 때 먹는 음식이
따로 있을까?
- 발효 식품 -

"그럼, 여기서 퀴즈!"

"오랜만에 퀴즈군요."

"뇌 작용에 큰 영향을 미치는 장기는 무엇일까요? 힌트는 '한 글자'예요."

"귀!"

어이쿠! 무천도사가 몸 개그를 하듯이 휘청거렸다.

"죄송해요. 한 글자라고 해서 무심코 튀어나왔어요."

"정답은 제2의 뇌라고도 하는 '장'이에요."

"장이요?"

내가 놀라자 그의 설명이 이어졌다.

"우선 뇌와 서캐디안리듬 사이에는 깊은 연관이 있어요. 수많은 신경 전달 물질을 만드는 장은 뇌 작용에 큰 영향을 미치고요. 서캐디안리듬을 안정시키려면 장 건강을 챙기는 게 효과적이에요. 장내세균이 면역의 70퍼센트를 담당하고 있다고도 하니까요."

그의 목소리가 한층 높아졌다.

"장이 짱이네요."

"히나타 씨, 그런 농담도 해요?"

무천도사는 시원한 미소를 지었다.

"아, 죄송해요. 전혀 관계 없어 보이는 뇌와 장이 이어져 있다고 하니까 저도 모르게……."

"네, 달리 말하면 장은 마음과도 이어져 있다고 할 수 있어요. 장이 건강해지면 서캐디안리듬이 안정되고 우울 상태에 빠질 위험성도 줄어들어요. 그러니 마음도 건강해지죠. 반대로 마음에 병이 생기면 장 속 유익균이 줄어들고 유해균은 증가합니다. 그만큼 장 건강이 중요한 거예요. 그럼 장에 가장 좋은 식품은 뭘까요?"

"음, 단 음식일까요?"

"그건 히나타 씨가 좋아하는 음식이고요."

"하하, 들켰네요."

"코핑 이야기를 할 때도 말했지만 단 음식이나 탄수화물은 정신적 불안정을 일으키는 원인이 될 수 있으니 조심해야 해요."

"네, 주의할게요."

"정답은 발효 식품이에요."

"발효 식품이요?"

"음식에서 미생물이 번식하면서 성분을 변화시키는데, 음식을 부패시키는 게 유해균이고 발효시키는 게 유익균이죠."

"유산균이나 낫토균 같은 것 말이죠?"

"맞아요. 발효 식품을 먹으면 살아 있는 유익균을 섭취하는 거예요. 이런 유익균이 장내 유익균의 작용을 도우니까 장 건강이 좋아져요. 다만 유익균은 대부분 40도 이상으로 가열하면 죽어버리니 되도록 익히지 말고 먹어야 좋아요. 하지만 낫토균은 100도에서도 견딥니다."

내가 메모를 하자 그가 보충 설명을 했다.

"가열하거나 위산에 죽더라도 다른 유익균의 먹이가 되거나 유해균을 끌어당겨서 배출시키기 때문에 유익균을 먹으면 손해볼 게 하나도 없어요."

"그렇군요."

"유익균의 먹이는 식이 섬유와 발효 식품이고, 유해균의 먹이는 탄수화물과 패스트푸드 같은 가공 식품이라는 사실을 꼭 기억해요."

"네, 알겠습니다."

"또 하나, 균이 장 속에서 활동할 수 있는 시간은 고작 3~4일뿐이에요. 무슨 말인지 알겠죠?"

"가급적 매일 먹으라는 말이죠?"

"바로 그거예요!"

무천도사가 엄지를 치켜들며 씩 웃었다.

"한 번에 잔뜩 먹기보다 매일 꾸준히 먹는 게 중요해요. 그리고 되도록 다양한 유익균을 섭취하면 좋으니까 여러 가지 발효 식품을 조합해서 먹는 것도 추천해요."

"김치와 낫토처럼요?"

"최고의 조합이죠. 발효 식품인 줄 모르는 식품도 꽤 많으니까 한 번 정리해두는 것도 좋겠네요."

그는 오늘도 화이트보드의 고정 장치를 풀고 빙글 회전시켰다. 그러자 '발효 식품 목록'이 나타났다.

"와……."

목록을 보니 저절로 입에서 감탄이 흘러나왔다.

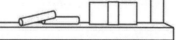

- 김치 · 젓갈류 · 낫토 · 쓰케모노(채소 절임)
- 술지게미 · 피클 · 장아찌 · 가쓰오부시
- 천연발효빵 · 요구르트 · 치즈
- 살라미 소시지 · 나타드코코(코코넛 젤리)
- 우롱차 · 홍차 · 감주 · 간장 · 된장 · 고추장
- 초누룩 · 두반장

"된장이나 요구르트, 김치 같은 것은 알고 있었지만 생소한 것도 많네요."

"그렇죠?"

"네, 나타드코코나 우롱차, 홍차도 의외예요."

생각보다 다양한 발효 식품에 놀라움을 금치 못했다. 이렇게 종류가 많다면 매일 꾸준히 섭취하는 것도 그리 힘들지 않을 것 같았다.

"간장은 콩을 누룩균과 효모균으로 발효시킨 것이고 나타드코코는 코코넛 주스를 발효시켜서 만들어요."

"아, 그렇구나."

"그리고 우롱차와 홍차는 찻잎에 들어있는 효소로 산화 발효시킨 음식이죠."

"네."

"이것 말고도 많이 있으니 집에 가서 한번 찾아보세요."

"네, 그럴게요."

"참고로 우메보시(매실 소금 절임)는 발효 식품이 아니에요. 잘못 아는 사람이 많아요."

"그래요? 우메보시는 절인 음식이고 신맛이 나서 발효 식품인 줄 알았어요."

내가 뜻밖이라는 반응을 보이자 그가 말했다.

"우메보시는 매실을 말려서 수분을 제거하니까 매실 자체의 산미가 강해진 거예요. 하지만 소금으로만 절이기 때문에 발효시키는

건 아니에요. 우메보시에는 구연산이 들어 있어서 피로 회복에 좋
아요."

"그렇군요."

"다만 발효 식품도 너무 많이 먹으면 고혈압과 신장 기능 저하를
초래할 수 있어요. 염분이 많은 음식은 많이 먹지 않도록 주의해야
해요. 조미료도 정확히 계량해서 사용하고요."

무천도사가 마치 요리 교실 선생님 같아서 살짝 웃음이 났다. 나
는 노트에 이렇게 적었다.

★ 장은 제2의 뇌!

★ 장이 건강하면 뇌가 건강하다. 뇌가 건강하면 마음이 건강하다.

★ 발효 식품을 매일 먹는다.

★ 발효 식품은 되도록 익히지 않고 먹는다.

★ 발효 식품은 두 종류 이상을 조합해서 먹으면 더 좋다.

★ 발표 식품을 과다 섭취하지 않도록 주의한다.

우울할 때 먹는 음식이
따로 있을까?
- 오메가3 지방산 -

내가 '발효 식품 목록'을 노트에 적는 동안 무천도사는 책상으로 돌아가 왕꿈틀이 길이를 하나하나 확인하며 입에 넣었다. 내가 필기를 마칠 때쯤 책상에서 다시 일어나며 말했다.

"발효 식품 이외에 서캐디안리듬을 안정시키는 데 도움이 되는 식품이 있어요."

그는 화이트보드에 적힌 발효 식품 목록을 싹싹 지우고 빨간색 펜으로 '오메가3 지방산'이라고 적었다.

"쉽게 설명하면 오메가3 지방산은 불포화 지방산이에요. 탄소 사슬 사이에 탄소 원자가 이중 결합을 가진 지방산이죠."

"너무 어려워요."

"이렇게 말하면 잘 모르겠죠?"

"네, 모르겠어요."

"그럼, 어려운 말은 다 잊어버리고 그냥 몸에 좋은 지방이라고 생각해요."

"몸에 좋은 지방……."

"오메가3 지방산에는 세 가지 종류가 있어요. 식물성 ALA, 동물성 DHA, 그리고 EPA가 있죠."

"DHA와 EPA는 들어본 적이 있어요."

"ALA도 알파리놀렌산이라고 하면 들어본 적 있을 거예요."

"들어본 것 같기도 한데……."

"ALA는 체내에서 생성할 수 없어서 꼭 식품으로 섭취해야 하죠. 게다가 일부가 DHA나 EPA로 변환되니까 열심히 챙겨 먹어야 해요."

나는 무천도사의 설명을 노트에 적으면서 대답했다.

"알파리놀렌산은 견과류에 많이 들어 있다고 들은 것 같아요."

"호두에만 들어 있어요."

"호두요?"

"호두를 제외한 다른 견과류에는 ALA가 거의 들어 있지 않아요."

"그렇군요."

"피스타치오, 아몬드, 땅콩 모두 ALA 함유량이 0이지만 호두 한 줌(28그램)에는 ALA가 2.5그램이나 들어 있어요. 다시 말해 호두 한 줌으로 하루치 섭취 권장량[8]을 채울 수 있어요."

"호두가 그렇게 좋은 음식인지 몰랐어요. 하지만 매일 호두를 한

줌씩 먹기는 쉽지 않을 텐데요."

내 말에 그도 동의했다.

"맞아요. 무슨 다람쥐도 아니고."

"호두 말고 다른 음식으로 알파리놀렌산을 섭취할 수 없나요?"

내가 묻자 그의 입에서 예상치 못한 음식 이름이 튀어나왔다.

"치아시드도 있어요."

"치아시드요? 해외 유명인들 사이에서 인기 있는 슈퍼 푸드 말인
가요?"

"히나타 씨는 치아시드를 아는군요."

"요즘은 많이 알려졌어요. 다이어트에 효과가 있다고 하더라고
요. 저도 먹어볼까 했는데 결국 사진 않았어요."

"히나타 씨, 내일부터 치아시드를 한번 먹어봐요. 하루에 한 숟가
락으로 2그램의 ALA를 섭취할 수 있어요."

"굉장한데요! 역시 인기 있는 슈퍼 푸드는 다르군요."

"그 밖에도 아마유를 찻숟가락으로 한번 먹으면 2.3그램이고 들
기름에도 2.5그램이나 들어 있어요."

"아마유랑 들기름이요?"

"채소 주스에 넣거나 음식에 뿌려서 먹으면 좋아요. 하루에 한 숟

---

8 식품의약품안전처에서 발표한 오메가3 지방산의 하루 섭취 권장량은 성인 기준
0.5~2.0그램이다.

가락으로 충분하니까 식단에 넣어봐요. 몸과 마음을 정돈하는 데 도움이 될 거예요. 다만 들기름은 빨리 산화되니까 오래 두고 먹으면 안 돼요."

"네, 당장 시작해볼게요."

무천도사의 식사 지도는 계속됐다.

"DHA랑 EPA도 잊으면 안 돼요."

"그건 잘 알아요. 등 푸른 생선이죠?"

"맞아요. 등 푸른 생선에 들어 있는 DHA와 EPA가 서캐디안리듬을 안정시켜 줘요. 등 푸른 생선을 열심히 챙겨 먹어봐요."

"알겠습니다."

"등 푸른 생선으로는 청어, 고등어, 방어, 꽁치, 정어리, 전갱이, 참치가 있어요."

【 100그램당 오메가3 지방산 함유량 】

• 청어 1.6그램

• 고등어 1.2그램

• 참치통조림 0.5그램

나는 그의 말을 놓치지 않으려고 열심히 펜을 움직였다.

"장어와 연어도 등 푸른 생선이기는 하지만 오메가3 지방산 함유량은 적어서 추천하지는 않아요. 참고로 참치는 뱃살 이상의 고급

부위에 많이 들어 있어요."

"기름이 많을수록 좋은 거군요."

내가 맞장구를 치자 그는 "게나 굴에도 많이 들어 있어요"라고 덧붙였다.

"하지만 끼니마다 등 푸른 생선을 먹기는 힘들어요."

"한 달에 열다섯 번 정도면 돼요."

"그럼 이틀에 한 번은 등 푸른 생선을 먹어야겠네요?"

출근하기 전에 생선을 구워 먹기는 힘들 테니 점심이나 저녁으로 하루 걸러 등 푸른 생선을 먹기가 쉽지 않을 것 같았다. 내 마음을 들여다본 듯 그가 말했다.

"그렇게 어렵게 생각할 필요 없어요. 열다섯 번이라는 건 단지 권장 사항일 뿐이에요. 우선은 고기 → 생선 → 고기 → 생선 순으로 번갈아 먹는다는 생각으로 시작해봐요."

나는 고분고분 고개를 끄덕였다.

"그리고 편식은 금물이에요. 등 푸른 생선이 좋다고 해서 그것만 먹으면 그것도 문제예요. 히나타 씨는 물개가 아니니까 말이죠."

"네."

"골고루 먹어야 해요. 음, 목표는 하루에 스무 가지."

스무 가지가 결코 쉬운 일은 아니지만 무조건 부정적으로 생각하기보다 일단 시도해보자고 마음 먹었다. 음식을 조절해서 우울한 기분이 나아질 수 있다면 그렇게 큰 수고는 아닐 것 같았다.

"그리고 반대로 주의해야 할 지방이 트랜스지방산이에요."

"들어본 적 있어요."

"트랜스지방산은 식품으로 섭취할 필요가 없는 기름이죠. 건강에 악영향을 미치는 지방인데 마가린, 쇼트닝, 팻 스프레드에 들어 있어요."

"마가린보다는 버터가 낫다는 말이죠?"

그렇게 물으면서도 버터가 더 비싸다는 생각이 머리를 스쳤다.

"빵이나 케이크, 과자, 컵라면에도 들어 있는 경우가 많으니 조심해요."

빵과 과자도 되도록 줄여야 한다고 생각하니 어쩐지 더 어렵게 느껴졌다. 오후 시간에 꺼내 먹는 과자 하나가 직장 생활에서 얼마나 큰 즐거움인지 아는 사람은 알 것이다. 더구나 맛있는 빵집을 찾아다닐 정도로 빵을 좋아하는 내게는 더 쉽지 않은 일이었다. 힘들겠지만 최대한 줄여보자고 굳게 결심했다. 나는 마음속으로 과자에 작별을 고했다.

"그리고 장 건강을 위해서 식이 섬유를 챙겨 먹어야 해요. 현미, 배아미, 옥수수, 콩, 팥, 고구마, 토란, 곤약, 우엉, 머위, 셀러리, 아스파라거스, 표고버섯, 느타리버섯, 팽이버섯, 미역, 한천, 우무, 바나나, 참외 등에 많이 들어 있죠."

무천도사의 설명은 점점 열기를 띠었다.

"그리고 음식을 너무 급하게 먹으면 안 돼요."

"제가 식탐이 있긴 해도 게걸스럽게 먹지는 않아요."

"카레를 후루룩 마시듯 먹지 않죠?"

"안 마셔요."

"오래 씹는 게 중요하거든요. 한 번에 30번 이상 씹어야 해요."

그러고 보니 요즘 일이 바빠서 점심을 급히 먹곤 했다.

"꼭꼭 씹어 먹어야 소화가 잘 되고요. 씹는 행동은 리듬 운동이라 멜라토닌의 재료인 세로토닌 생산에도 도움이 돼요."

점심뿐 아니라 최근에는 집에서 먹는 저녁도 제대로 차려 먹은 기억이 없었다. 대충 김밥이나 햄버거를 사 갖고 들어가거나 남은 음식으로 배를 채우기만 했다. 우울 상태가 내 생활에 얼마나 많은 영향을 미쳤는지 이제야 조금씩 보이는 듯했다.

"그리고 미토콘드리아의 움직임이 활발해져서 체온 조절 기능이 안정되니 수면의 질도 좋아져요."

정크 푸드로 때우는 식사가 많아서인지 요즘 화장실도 잘 가지 못했다. 확실히 채소를 충분히 섭취하지 않은 탓이었다. 이런 행동이 쌓여서 장 건강을 해쳤을 수도 있다. 서캐디안리듬을 망가뜨리고 결국 멘탈 문제를 초래한 간접적 원인이 된 걸까?.

"식생활이 무척 중요하군요."

내가 기운 없는 목소리로 말하자 무천도사는 고개를 끄덕였다.

"식생활 개선은 우울 상태 치료에서 절대 빼놓을 수 없는 부분이에요."

"그렇군요."

"스트레스나 압박으로 히나타 씨의 신체 톱니바퀴들이 조금씩 조금씩 어긋난 겁니다. 그것이 마음에도 좋지 않은 영향을 미쳤고요."

어쩐지 위로하는 듯한 무천도사의 말을 들으며 나도 모르게 눈물이 고였다.

"조금씩 틀어진 톱니바퀴를 천천히 되돌려놔야 해요. 조급해 한다고 단숨에 바뀌지 않아요. 방심하지도 말고 꾸준히, 약에 기대지 말고 열심히 해봅시다."

무천도사는 책상으로 돌아가서 왕꿈틀이 봉지를 꺼냈다.

"하나 줄게요."

그는 마치 제비라도 뽑는 것처럼 봉지 안에서 젤리를 꺼내 건넸다.

"초록색이군요. 청신호예요."

여느 때와 같이 무천도사가 억지로 끼워 맞춘 해석이지만 그래도 좋은 신호라고 믿고 싶었다. 젤리를 먹으며 나는 노트에 다음과 같이 적었다.

★ ALA(알파리놀렌산)를 섭취한다.

· 호두, 치아시드, 아마유, 들기름(과도한 섭취 주의!)

★ DHA, EPA를 섭취한다.

· 청어, 고등어, 방어, 꽁치, 정어리, 전갱이, 참치, 게, 굴

★ 식이 섬유를 섭취한다.

· 현미, 발아미, 옥수수, 콩, 팥, 고구마, 토란

· 곤약, 우엉, 머위, 셀러리, 아스파라거스, 표고버섯

· 느타리버섯, 팽이버섯, 미역, 한천, 우무, 바나나, 참외

★ 하루에 스무 가지 이상 먹는다.

★ 한 번에 30회 이상 씹는다.

움직이기도 싫은데
운동을 꼭 해야 하나요?

"수면과 식사 다음으로 중요한 것이 하나 더 있어요. 무엇일까요?"

무천도사의 질문에 곰곰이 생각했다.

"자고 먹는 것 다음은 움직이는 것일까요?"

"딩동댕! 정답입니다."

야호! 단번에 정답을 맞히고 좋아하는 나를 보고 그가 말했다.

"수면과 식사, 그리고 운동이 몸과 마음의 건강을 되찾기 위한 세 가지 기둥이에요."

"세 가지 기둥이요?"

"네, 요컨대 몸을 움직이는 행위가 정신 건강에 중요하다는 말이에요. 평소에 운동해요?"

자랑은 아니지만 나는 대학 시절에 테니스부 주장으로 열심히 활동했다. 직장 생활 초기에도 주말에 동기들과 함께 등산을 가곤 했다. 하지만 입사하고 2~3년쯤 지나자 일이 너무 바빠졌다. 휴일은 지친 몸을 이끌고 외출하기보다 체력 충전을 하는 시간이었다. 종일 이불 속에서 빈둥대고 운동다운 운동을 한 적이 없었다.

무천도사는 최근 나의 상태가 '체력 충전(낮잠) → 밤잠 설침 → 리듬 깨짐 → 월요일이 피로움 → 주말까지 억지로 버팀 → 체력 충전'이라는 최악의 사이클을 반복하고 있다고 지적했다. 경조증 상태라 겉으로 티가 나지 않더라도 피로가 점점 쌓이면 몸은 언젠가 강제 정지할 수밖에 없다.

무천도사는 휴일을 보내는 방법으로 '적극적 휴식'을 추천했다. 약간 피곤해도 가능한 청소나 걷기, 스트레칭, 요가, 사우나를 하면서 적극적으로 피로를 푸는 행동을 습관처럼 하는 방법이다. 그게 익숙해지면 주말에 사우나를 안 가면 몸이 찌뿌둥한 기분이 들어서 저절로 패턴을 중시하는 생활을 하면서 재발을 예방할 수 있다.

"또 비만은 우울 상태 증상과 깊은 관련이 있어요."

무천도사의 설명이 이어졌다.

"내장 지방은 염증을 일으키는 물질을 분비해요. 염증은 우울 증상을 만드는 하나의 요인이죠."

"정말이요?"

되돌아보니 나의 일상은 악순환의 연속이었다. '정신적인 피로 → 움직이기 싫다 → 살이 찐다 → 마음에 부담이 커진다'는 도식이 었다. 그동안 의식하지 못했지만 살이 좀 찐 것 같기도 했다.

당황하는 내 모습을 보고 그가 분명하게 말했다.

"정신적 문제를 겪는 사람은 대부분 대사 증후군이거나 심한 저체중인 경우가 많아요. 건강한 사람은 거의 없죠. 인간도 동물이라 몸을 움직여야 뇌도 움직이거든요. 그러니까 내일부터 아니 당장 오늘부터 운동을 시작해야 해요."

나는 아무 말 못 하고 고개만 끄덕였다. 그리고 잠시 뒤에 마음을 다잡고 말했다.

"내일부터 매일 10킬로미터씩 뛰겠어요."

그가 껄껄 소리를 내며 웃었다.

"처음부터 너무 무리하지 말아요. 우선은 걷는 것부터 시작해요."

"걷기요?"

"우울한 기분을 바꾸는 데는 걷기가 제일 좋아요. 답답하고 짜증 날 때는 일단 걸어봐요."

걷기라면 큰 결심 없이도 쉽게 할 수 있을 것 같았다.

"다만 심폐 기능과 뇌 기능이 연관돼 있으니까 너무 천천히 걷지 말고 약간 숨이 가쁠 정도로 걸으세요. 대화를 할 수 있을 정도의 빠르기로 하루에 4,000보를 목표로 잡죠. 빠른 걸음으로 30분 정도 걸으면 될 거예요. 되도록 출퇴근 시간이 아니라 조용히 걸을 수 있는 환경에서 스마트폰으로 만보계를 켜놓고 매일 체크해봐요. 너무 힘들어서 헉헉대지 않을 정도의 운동이 좋아요."

운동을 시작하기로 결심하고 나니 조금 의욕이 생기는 느낌이었다. 확실히 땀을 흘리고 나면 찌뿌둥하던 마음까지 개운해지곤 했다. 지쳤다는 핑계로 그것을 잊어버리고 살았다니.

이때 무천도사가 한마디 덧붙였다.

"운동이 우울 상태를 개선한다는 연구 보고는 셀 수 없이 많아요. 반대로 운동이 우울 상태를 악화시킨다는 연구는 하나도 없고요."

"운동하고 기분이 우울해질 일은 없다는 말이죠?"

"그렇지만 무리해서 좋을 건 없으니까 적당한 운동이 전제 조건이에요. 운동의 효과는 항우울제와 거의 동일하다는 놀라운 연구 결과[9]도 있어요."

운동이 항우울제와 비슷할 정도의 효과를 낸다는 말에 놀라지 않을 수 없었다.

"운동이 그렇게 효과적인가요?"

"네, 물론이죠. 생각해보면 당연한 일이에요. 최근 연구에서 운동을 하면 그것이 나온다는 사실이 밝혀졌거든요."

---

9   베를린대학 스포츠과학센터 연구팀은 4만 명을 대상으로 운동이 불안 장애와 우울증에 미치는 영향을 조사했다. 그 결과 운동이나 신체의 움직임이 우울 상태 증상을 완화하는 데 매우 효과적이며 항우울제와 유사한 작용을 한다는 사실을 알 수 있었다. 이 내용은 저명한 과학 잡지 『CNS & Neurological Disorders-Drug Targets』에 발표됐다.

"그것이요?"

"네."

"땀 말인가요?"

무천도사가 또 휘청거렸다.

"히나타 씨, 운동하면 땀이 난다는 건 연구를 하지 않아도 알죠."

그렇지. 나는 부끄러워서 귀가 빨갛게 달아올랐다.

"운동을 하면 나오는 것은 세로토닌이에요."

"세로토닌이면 멜라토닌의 재료가 된다는 그 물질이죠?"

"맞아요. 기억력이 좋네요. 그럼 이것도 기억해요? 뇌가 스트레스를 받았을 때 분비되는 스트레스 호르몬에 계속 잠겨 있으면 뇌의 신경 세포에 변화가 생겨서 정신적 문제가 생긴다는 얘기요."

"기억해요."

"세로토닌은 손상된 신경 세포의 신진대사를 촉진하는 기능을 해줘요."

그의 말에 눈앞이 환하게 밝아지는 기분이 들었다. 스트레스 호르몬으로 신경 세포가 한번 손상되면 다시 회복될 수 없다고 생각했는데, 나도 모르게 웃음이 나왔다.

"세로토닌이 분비되면 정신적 문제를 개선할 수 있겠군요!"

"맞아요. 걷기 운동으로 두뇌 혈류의 흐름이 활발해지고 세로토닌 분비량도 늘어나죠. 세로토닌이 많아지면 멜라토닌이 잘 생성되고 수면의 질도 개선돼요. 운동하는 습관을 갖고 있는 사람이 잠을 잘 자는 이유예요. 충분한 수면은 성장 호르몬 분비를 촉진하고 피로도 금세 풀리게 하죠. 도중에 깨는 일 없이 잘 자고 싶다면 운동 습관을 들이는 게 가장 좋아요."

"당장 오늘부터 걸을게요!"

내가 주먹을 꼭 쥐고 선언하자 무천도사가 다정하게 말했다.

"너무 무리하지 말아요. 매일 30분이면 충분해요. 햇빛을 쬐면 체내에 비타민D가 생성되고 비타민D는 기분을 좋게 해주니까 일광욕도 겸해서 걷는 게 좋겠어요."

무천도사의 추가 정보를 듣고 나는 다시 의욕에 불타서 말했다.

"선생님, 저 매일 아침에 한 정거장 전에 내려서 회사까지 걸어갈래요!"

이번에는 코에서 강한 콧김을 두 번 뿜었다.

"거참, 힘을 좀 빼요. 너무 열심히 하다가 첫날부터 무릎이라도 다치면 곤란하니까요."

그는 웃으면서 나를 타일렀다.

"걷기는 내일 아침부터 하기로 하고 오늘 밤에는 다른 것을 먼저 시작했으면 해요. 밤에 따뜻한 욕조에 몸을 푹 담글 것! 욕조가 없으면 따뜻한 물로 오랫동안 샤워를 해주세요. 혈액순환에 좋거든요."

"아……."

"그리고 자기 전에 스트레칭하기. 스트레칭만 해도 잠이 잘 올 거예요."

"저는 학교 다닐 때 하던 맨손 체조밖에 모르는데요."

무천도사는 자기 전에 10분 정도 스트레칭하는 방법을 가르쳐주었다.

1. 목에 의식을 집중해서 좌우로 기울인다. (1분×2)

2. 어깨에 의식을 집중해서 앞뒤로 어깨를 돌린다. (1분×2)

3. 상반신에 의식을 집중해서 손을 깍지 끼고 위로 올린다. (1분×2)

4. 등에 의식을 집중해서 몸을 앞으로 숙인다. (1분×2)

5. 몸통에 의식을 집중해서 좌우로 비튼다. (1분×2)

"잠이 안 온다고 술이나 수면제를 먹기 전에 스스로 할 수 있는 일이 많다는 사실을 잊지 말아요. 어, 벌써 시간이 이렇게 됐네. 그럼 오늘은 여기까지 합시다. 감사합니다. 그럼 다음 주에 봐요!"

"감사합니다."

나는 노트에 다음과 같이 적었다.

★ 아침 햇빛을 쬔다.

★ 매일 30분씩 걷는다.

★ 가볍게 숨이 찰 정도로 운동한다.

★ 욕조에 몸을 담근다.

★ 자기 전에 스트레칭을 한다.

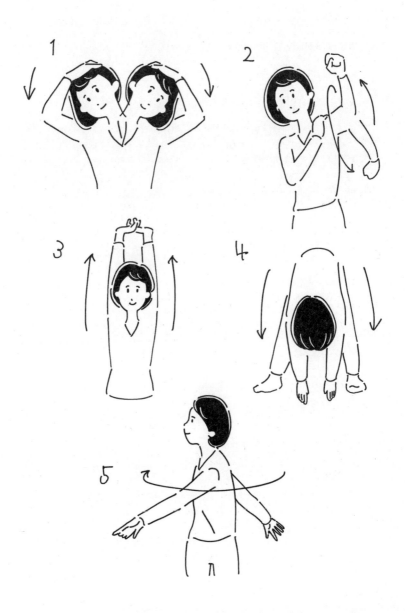

단번에
바뀌지 않아도

수면, 식사, 운동 생활 습관을 배우고 난 후 3주간 무천도사의 클리닉에 가지 못했다. 월말이라 평일에는 바빠서 갈 수 없었고 토요일에는 2주 연속 엄마가 내 자취집에 찾아왔다.

"히나타, 지난번에 전화했을 때 목소리가 안 좋더라. 어디 안 좋은가 걱정이 돼서……."

엄마는 내 얼굴을 보자마자 이렇게 말했다. 부모님께 걱정을 끼쳐드릴 생각은 없었는데 목소리가 조금만 이상해도 엄마는 금세 눈치를 챘다. 나는 엄마를 안심시켰다.

"별일 없었어요. 이번 주는 목표치를 달성해서 회사에서 칭찬도 받았는 걸."

엄마가 자기 일처럼 기뻐했다.

"잘했구나! 그래 너는 어릴 적부터 한다면 하는 애였어."

"아니야. 이번에는 운이 좋았어. 대단한 일도 아니고."

엄마는 머리를 긁적이며 말하는 나를 가만히 바라봤다.

"일하느라 많이 힘들지?"

엄마는 역시 말하지 않아도 내 속을 꿰뚫고 있었다. 어른이 되어도 여전히 걱정만 끼치고 있으니 면목이 없었다.

그 후 엄마는 딱히 아무 말없이 2주 연속 토요일에 왔다가 일요일 저녁에 돌아갔다. 위로나 조언을 하지도 않고 그저 이틀을 함께 보냈다. 엄마도 힘들 텐데 나 때문에 무리해서 먼 길을 오가는 것이 죄송할 따름이었다.

클리닉에 가지 못한 3주 동안 큰 변화는 없었다.

"조금씩 틀어진 톱니바퀴를 천천히 되돌려놔야 해요."

초조해질 때면 무천도사가 한 말을 몇 번이고 떠올렸다. 아침에는 평소보다 30분 일찍 일어나서 지하철 한 정거장을 걸었다. 3주간 걸었더니 몸이 조금 탄탄해진 느낌이 들었다. 또 매일 김치와 낫토를 챙겨 먹는 습관이 생겼다. 30번 씹어 먹기도 잊지 않았다. 퇴근하고 집에 돌아오면 마인드풀니스와 자율 훈련법도 꾸준히 했다. 오렌지색 선글라스를 쓰고 자기 전에 스트레칭하는 것은 어느덧 익숙해졌다. 덕분에 잠들기까지 시간도 짧아졌다.

하지만 방문 영업은 여전히 괴로웠다. 갑자기 '나는 뭐든 할 수 있다'는 긍정적인 자세로 변하지는 않았다. 길에서 주저앉아버릴 만큼 심한 증상은 없었지만 아침에 일어날 때 몸이 천근만근 무겁거나 일하는 도중에 전부 팽개치고 집에 가고 싶을 때는 있었다. 하지만 초조하고 두려웠던 마음은 많이 안정되었다. 아니 안정되어 있는 시간이 전보다 늘었다고 하는 편이 맞겠다.

"오랜만이에요! 히나타 씨, 좀 어때요?"

3주 만에 듣는 무천도사의 목소리에 반가움이 가득했다. 나는 그동안 쌓여온 초조함에 불쑥 말을 꺼냈다.

"아직도 가끔 갑자기 가슴이 조여오는 기분이 들거나 답답해서 소리를 지르고 싶을 때가 있어요."

"그렇군요. 조금씩 나아질 거예요. 단번에 좋아지지 않는다고 초조해하지 말고 한 걸음씩 갑시다."

"그럴 때는 약을 먹는 것도 괜찮지 않을까 하는 생각이 들어요."

짧은 침묵이 흐르고 그가 조용히 대답했다.

"히나타 씨, 항우울제는 졸음이 오는 성분이 들어 있어서 위험한 작업은 할 수 없어요."

"제가 하는 일은 위험한 건 없으니 괜찮지 않을까요?"

"자동차나 오토바이 운전도 위험해요."

"운전도 위험한 작업에 들어가나요?"

"그럼요. 엄밀히 말해 자전거도 타면 안 돼요."

"차로 돌아다니며 영업해야 해서 운전을 못 하면 곤란해요."

"의사는 처방하는 약의 부작용 발생 가능성을 환자에게 알려야 하는 '설명 의무'가 있지만 제대로 지켜지지 않곤 해요."

그는 혼잣말처럼 중얼중얼 불평을 늘어놓는다. 그 모습을 보고 무천도사가 얼마나 많은 노력과 시간을 들여서 내게 가장 적합한 방법을 찾아주려 하는지 깨달았다. 무엇보다 운전을 할 수 없으면 일에 지장이 생길 것이다.

"그럼 조금 더 지금처럼 노력해볼게요."

내 말을 듣고 그가 대답했다.

"사실 히나타 씨에게 슬슬 한약을 처방하려던 참이었어요."

"한약이요?"

"약에 기대지 말자고 했지만 당연히 필요할 때는 약을 처방하기도 합니다.[10] 저는 특히 한약을 권하는 편이에요."

그 말에 나는 반사적으로 되물었다.

"네? 한약은 한의원에 가야 하는 것 아닌가요?"

"네, 우리 클리닉과 협업 관계를 맺고 있는 한의원이 있어요. 저는 금단 증상이 없는 한약을 선호해요."

무천도사는 한약과 양약의 차이를 설명해주었다.

---

10 양극성 장애에 항우울제는 효과가 없지만 기분을 안정시키는 효과가 있는 일부 비정형 항정신병약이나 항경련제는 적용 과정에서 사용을 인정한다.

생강을 먹으면 몸에서 열이 나는 것처럼 한약은 생약(식물, 나무, 동물, 광물과 같은 자연 물질)이 본래 가지고 있는 효능을 하나하나 확인하며 조합하여 만든다. 반면 양약은 화학적으로 합성하여 만든 성분으로 이루어진다.

차가우면 따뜻하게 하고 뜨거우면 식힌다. 부족하면 채우고 넘치면 걷어낸다. 한약은 이렇게 몸이 원래 가진 균형을 되찾아주는 데 초점을 맞추는 데 비해 양약은 특정 장기에 직접적으로 작용해서 증상을 개선한다.

원인을 명확히 알 수 있어서 원인별 치료를 하거나 수술이 필요한 상황, 긴급한 치료가 필요한 질환에는 양약이 효과적이다. 하지만 검사 결과는 아무 이상이 없는데 증상이 나타나는 질병이나 원인 불명의 만성 질병, 체질적 원인에는 한약이 잘 듣는다.

"항불안제나 수면제를 쓰지 않는다고 해서 어떤 상황에서든 절대 쓰지 않는다는 말은 아니에요."

그의 설명이 이어졌다.

"예를 들어 이미 여러 종류의 약을 복용하고 있는 상태에서는 갑자기 약을 전부 끊으면 금단 증상이 나타날 수 있어요. 그래서 꼭 필요한 약은 남기면서 처방을 정리해가죠. 그 다음에는 한약만 복용하고 마지막으로 한약도 필요 없는 상태가 되면 목표 달성!"

"그렇군요."

"한약을 먹으면서는 운전이나 위험한 작업을 해도 괜찮은가요?"

그는 고개를 끄덕였다.

"한약의 장점은 '졸리지 않다, 부작용이 적다, 중독되지 않는다'입니다. 위험한 작업을 해도 문제가 없어요."

"운전도 할 수 있고 언제든지 끊을 수도 있다는 거죠?"

"네. 무엇보다 가장 기댈 수 있는 존재는 약이 아니라 '나 자신'이란 사실을 잊지 말아요."

금방 좋아지지 않아서 초조한가요?

우울 상태에서 벗어나기 위해서는 전반적인 생활 습관을 바꿔가야 합니다. 그런데 생활 습관을 바꿔도 바로바로 효과가 나타나지는 않아요. 그렇다고 낙담하고 포기해서는 안 됩니다. 어긋난 톱니바퀴가 조금씩 맞아가는 과정이니까요.

나비의 날갯짓이 태풍을 일으키듯 작은 변화와 노력이 쌓여서 좋은 결과를 가져옵니다. 힘들고 지쳐도 의지를 굳건히 해주세요. 분명히 좋아지고 있습니다. 그리고 반드시 우울 상태에서 벗어날 수 있습니다.

~~~~~~~~

'내 몸 사용 설명서'
만들기

한약을 처방받고 나는 적어도 일주일에 한 번은 꼭 클리닉에 가기로 결심했다. 가능하다면 일주일에 두세 번도 방문했다. 식생활과 운동을 꼼꼼히 챙겼고 나름의 스트레스 해소법도 매일 실천했다. 일주일 정도 지났을 때 무천도사가 물었다.

"히나타 씨, 어때요? 효과가 있는 것 같아요?"

"아직 일주일밖에 안 돼서 큰 차이는 모르겠어요."

내 대답을 듣고 그는 더 상세하게 물었다.

"가슴이 답답하고 숨쉬기가 힘든 증상이나 옆구리 쪽의 불쾌감 등이 없어지지 않았어요?"

그 말을 듣고 생각해보니 확실히 변화가 있는 것을 알 수 있었다.

"그러고 보니 호흡이 편해진 것 같아요."

안개가 순식간에 싹 걷히는 기분이었다. 그는 만족스럽다는 듯이 한마디 덧붙였다.

"히나타 씨는 한약과 함께 식사, 운동, 셀프메디케이션도 잘 지키고 있으니 슬슬 효과가 나타날 때가 됐어요."

나는 어쩐지 한 계단 올라선 듯한 기분이 들었다. 그 뒤로도 클리닉은 꾸준히 나갔지만 특별한 치료는 없었다. "히나타 씨, 좀 어때요?"라는 무천도사의 질문에 답하며 치료법을 잘 실천하고 있는지 확인하는 날들이 계속됐다.

클리닉을 다닌 지 3개월이 지난 어느 날, 나는 오전에 방문 영업을 마치고 회사로 돌아와 서류 정리를 하다가 고객에게 인감 도장을 받아오는 일을 깜빡했다는 것을 발견했다. 급히 다시 달려가서 문제를 해결했지만 계속 가슴이 쿵쿵 뛰었다. 호흡법을 하며 숨을 가다듬어봐도 마음이 쉽사리 진정되지 않았다. 그날 저녁, 무천도사의 클리닉을 찾은 나는 오전의 사건을 털어놓았다.

"아침부터 너무 정신이 없어서 점심도 못 먹었어요. 오후 내내 기분이 안 좋고 마음이 가라앉질 않았어요."

무천도사는 가만히 내 말을 듣더니 지난 3개월 동안 몇 번 언급했던 '내 몸 사용 설명서'에 대해 말하기 시작했다.

"히나타 씨, 지금까지 조금씩 만들어온 '내 몸 사용 설명서'를 이제 슬슬 완성해볼까요?"

내가 되물었다.

"자기 자신을 대상으로 한 취급 설명서 말이죠?"

"맞아요, 오직 나 자신만을 위한 설명서예요. 그동안 어떨 때 어떤 식으로 우울해지는지 스스로 살펴봤죠? 자신을 객관적으로 보는 습관을 들이면 어떨 때 몸 상태가 나빠지는지를 알 수 있어요."

그의 설명은 계속 이어졌다.

"몸 상태에 따라 효과적인 해소법을 정리해놓으면 안 좋아질 것 같은 느낌이 들 때 미리 대비할 수 있어요. 상태가 나빠지기 전에 상태에 맞는 해소법을 적용해서 기분을 조절하는 겁니다."

설명을 듣고 보니 지난 3개월간 계속해온 셀프 모니터링과 셀프 컨트롤이 바로 '내 몸 사용설명서'를 완성하는 기초 단계였음을 알 수 있었다. 나도 모르는 새 다음 단계로 나갈 준비를 하고 있던 셈이다.

나는 날씨가 좋지 않으면 기분이 우울하다. 그래서 흐린 날에는 음악을 들으며 출근하고 업무 중에 무슨 일이 생겨도 가능한 한 신경 쓰지 않으려 한다. 또 무천도사에게 배운 대로 귓불을 잡아당기거나 돌리며 마사지를 한다.

아직 일주일의 절반은 우울해질 기미가 있다. 그래서 껄끄러운 상사와 마주치는 일을 될 수 있으면 피했고 혹시 복도에서 마주쳐도 '만나지 않았다'고 생각하면서 스트레스에서 벗어나려고 노력했다. 금요일마다 상사의 이유 없는 잔소리를 듣고 쌓인 스트레스를 풀기 위해 퇴근하고 친구와 찜질방에 가기도 했다.

　무천도사는 스트레스를 받는 계기는 사람마다 다르다고 강조했다. 어떤 사람은 계절에 따라서, 혹은 기온이나 습도, 기압의 변화에 따라서, 사건에 따라서 스트레스를 받기도 한다. '이럴 때는 기분이 안 좋아지던데……'하는 생각이 들면 영락없이 우울해진다. 따라서 증상이 오기 전에 미리 알고 대처해서 자기 기분을 잘 다스리는 것이 중요하다.

　"그럼 '내 몸 사용 설명서'를 완성하는 데 필요한 마지막 조각을 찾으러 가봅시다."

　그가 자리에서 일어섰다. 그리고 진찰실 안쪽 벽으로 다가가더니 그쪽에 있는 문을 천천히 열었다.

　"사실 건너편에도 방이 있어요."

　열린 문 너머의 광경을 보고 나는 놀라지 않을 수 없었다.

　진찰실보다 무려 열 배는 더 넓고 빛이 환하게 들어오는 방이었다. 넓은 공간을 칸막이로 두 개의 공간으로 나눠 놓았다. 앞에는 화이트보드가 여러 개 놓여 있고 50개 정도의 의자가 앞을 향해 나란히 정렬되어 있다.

　텅 비어 있는 의자를 바라보며 그가 입을 열었다.

　"모든 것은 어떻게 받아들이고 어떻게 생각하고 어떻게 행동하는지에 달려 있어요."

"무엇이든 마음먹기에 따라 달라진다는 거죠?"

습관처럼 맞장구를 쳤지만 진심으로 동감하기는 어려웠다. 말은 쉽지만 실제로 마음을 내 뜻대로 움직인다는 것이 얼마나 힘든지 알기 때문이었다.

"어떤 일이 생겼을 때 우울 상태의 사람은 그것을 받아들이는 방법에 문제가 있는 경우가 많아요. 하지만 그렇다는 사실조차 인식하지 못해요."

문제를 인식하지 못한다면 해결할 수 없다. 이것은 정신적 문제만이 아니라 모든 상황에서도 마찬가지다.

"자신이 마음에 상처를 주는 쪽으로 생각하는 버릇은 없는지 돌아봐야 해요. 히나타 씨는 지금부터 스스로 상황을 어떻게 받아들이는지를 잘 살펴봐요."

무천도사가 안쪽을 향해서 "잠깐 도와줄래요?"라고 말하자 남자 두 명이 들어왔다. 한 사람은 작지만 다부진 체격이었고 다른 한 사람은 키가 크고 귀가 큰 것이 특징이었다. 무슨 일인지 몰라서 당황한 내게 그가 말했다.

"이 방은 인지 행동 치료라는 그룹 치료를 하는 곳이에요. 상황을 어떻게 받아들이고 어떤 생각으로 행동하면 스트레스를 많이 받지 않을 수 있을지 같이 생각해볼 거예요."

"같이요?"

별로 외향적인 성격이 아닌 내가 약간 경계심을 드러내자 그가
대답했다.

"사고방식과 행동을 바꾸려면 다양한 시점에서 의견을 듣는 편
이 좋거든요. 이분들은 그룹 치료를 지도해줄 작업 치료사[11]예요."

무천도사는 더 자세하게 설명하기 시작했다.

"우리 클리닉에서는 작업 치료사를 중심으로 재활 치료를 하고
있어요. 이 치료는 비약물요법의 중요한 부분으로 의학과 생리학적
으로 병의 구조, 약의 효과와 부작용을 알려주고 영양학이나 인지
행동 치료를 지도해요. 또 몸을 관리하는 방법을 알려주고 자신의
의지로 행동 습관을 바꿀 수 있도록 도와줍니다."

나는 최근 몇 달 동안 완전히 달라진 식생활과 운동 습관을 떠올
렸다.

"사고방식과 생활 습관 같은 행동이 바뀌면 인간의 마음도 반드
시 변해요. 약으로는 절대 바꿀 수 없죠. 중요한 건 환자가 문제를
일시적으로 모면하려 하기보다 근본적으로 치료하려는 의지를 가
져야 한다는 겁니다. 적극적인 노력이 필요해요."

망설이던 내 얼굴이 조금 풀어지자 무천도사는 힘내라는 듯 미소

---

11 물리 치료사Physical Therapist는 서기, 걷기, 앉기, 자기와 같은 기본적인 동작을 담당하
는 반면 작업 치료사Occupational Therapist는 식사, 운동, 입욕, 가사, 취미와 같은 응용 동작
의 치료를 담당한다. 재활 치료 국가 자격을 가진 전문가로서 중추 신경계를 다루는 정
신과 영역은 작업 치료사가 담당한다.

를 지었다.

"그럼 다음 주부터 그룹 치료에 참여해서 조금씩 사고의 폭을 넓혀봅시다."

나는 잘 부탁드린다는 마음을 담아 두 작업 치료사에게 꾸벅 인사했다.

"이제 진찰실로 돌아가서 좀 더 이야기합시다."

앞서서 걸어가는 무천도사를 따라가며 방금 만난 작업 치료사도 『드래곤볼』의 등장 인물에 비유할 수 있을지 생각해봤다. 작지만 다부진 체력의 치료사는 크리링을 닮았고 키가 크고 귀도 큰 치료사는 피콜로라고 할 수 있겠다. 그렇게 생각하니 낯선 사람들과 새로운 치료를 시도하는 부담이 조금 가벼워지는 것 같았다.

진료실로 돌아온 나는 노트에 다음과 같이 적었다.

★ '내 몸 사용 설명서'를 만들어라.

마음에
상처를 주는 버릇

진료실 책상에 앉은 무천도사는 왕꿈틀이를 꺼내 씹으며 말했다.

"왕꿈틀이 제작 업체의 사이트에 들어가보니 대왕꿈틀이만 콜라 맛이라고 하더군요."

"그래요?"

뜬금없는 잡학 지식에 의아해 하는 내게 그가 질문을 던졌다.

"그럼, 여기서 퀴즈!"

"또 퀴즈군요!"

"꿈틀이는 어떤 생물을 본떠서 만든 것일까요?"

"지렁이 아니에요?"

"자세히 살펴보고 말해요."

내게 젤리 하나를 건네며 그가 말했다.

"그러고보니 몸통에 뭔가 그려져 있는 것 같아요. 이게 뭐죠? 모르겠어요."

"정답은…… 미꾸라지예요."

"정말이요?"

깜짝 놀라서 되묻자 무천도사도 한 발 물러섰다.

"그렇다는 얘기가 있어요. 아무래도 지렁이와 비슷하게 생기긴 했지만요."

"선생님은 무엇이든 퀴즈로 내는 버릇이 있군요."

그가 고개를 끄덕이며 말했다.

"맞아요. 누구에게나 자기만의 버릇이나 습관이 있어요. 그런데 그것이 마음에 상처를 주는 일이라면 바꿔야겠죠?"

"그렇죠."

"히나타 씨도 우선 자신이 마음에 상처를 주는 쪽으로 생각하는 버릇이 있는지 살펴봐요."

"저한테 그런 버릇이 있을까요?"

턱을 괴고 고민하는 자세로 내가 물었다.

"지금까지 진료하면서 느꼈는데 히나타 씨는 완벽주의자예요."

"완벽주의요? 저는 그렇게 생각해본 적이 없는데요."

"그럴까요? 영업 실적만 봐도 매주 목표를 달성하지 않으면 못 견디잖아요."

"주어진 목표니까 누구라도 매주 달성하고 싶죠."

"조금이라도 모자라면 우울하죠."

"그건 어쩔 수 없는 일 아니에요?"

"한 번도 빠짐 없이 매주 목표를 달성하는 게 가능한 일일까요?"

그의 질문에 나는 할 말을 잃었다. 그러고 보니 실적이 최고였던 선배도 주간 목표를 채우지 못할 때가 있었다.

"그것 봐요. 스스로 완벽해야 한다는 생각에 멋대로 자신에게 상처를 주고 있잖아요."

말로 표현하기 힘든 감정에 가슴이 울렁거렸다.

"그리고 작은 실수를 확대 해석해서 크게 만드는 경향도 있어요."

"그런가요?"

바로 수긍이 안 되었다.

"오늘도 계약서에 도장 받는 것을 깜빡해서 점심도 못 먹고 다시 갔다 왔죠."

"네. 그래서 하루 종일 우울했어요."

"사소한 일이라는 생각은 안 들어요?"

"아니요."

"결국 잘 해결됐잖아요."

"그렇죠."

"잘 해결됐는데 왜 종일 풀이 죽어 있죠? 누구나 할 수 있는 실수인데요."

"아니, 실수는 하면 안 돼요."

"별일 없이 끝난 일이라고 털어버릴 수 있는 건데요."

나의 사고방식에 문제가 있다는 사실이 드러날수록 점점 더 세게 가슴이 울렁거렸다.

"애초에 방문 영업이 싫은 이유가 무엇이죠?"

"처음 진료할 때 말씀드렸지만 '또 거절당하면 어쩌나' 하는 생각 때문이에요."

"또 거절당할 것이라 생각하는 근거가 뭐죠?"

"근거…… 그런 건 없죠."

"다음에 찾아간 곳에는 아주 좋은 사람이 있을지도 모르잖아요."

"그건 알 수 없는 일이죠."

"근거도 없는데 먼저 나쁜 결론을 상상하고 힘들어하는 거예요."

"그럴지도 모르지만……."

'그런 생각이 드는 걸 어떡해요'라는 말이 목구멍까지 차오르는 것을 꾹 삼켰다.

"그 밖에도 여러 가지 버릇이 있어요."

무천도사는 그동안 지켜봤던 내 버릇을 계속해서 얘기했다.

"좋은 일을 나쁜 일로 해석할 때가 많지 않나요?"

"아니요! 그런 적 없는데요."

정말로 그런 기억은 없었다. 누가 일부러 좋은 일을 나쁘게 생각하고 싶을까?

"과연 그럴까요?"

그는 말을 이어갔다.

"목표를 달성해서 상사에게 칭찬받은 적도 있죠?"

"네, 가끔 그럴 때도 있어요. 그런데 그건 운이 좋았을 뿐이지 제 실력이 아니에요. 오히려 칭찬해주니까 몸 둘 바를 모르겠더라고요."

"그것 봐요. 모처럼 좋은 일이 생겼는데 스스로를 평가 절하하고 있어요. 상사가 칭찬을 해줘도 기쁘다기보다 민망하다고 생각하잖아요."

"평가 절하가 아니라 사실이 그런 걸요."

"아니죠. 잘 생각해봐요. 목표를 달성했어요. 누가 봐도 좋은 일이 잖아요? 열심히 노력해서 목표를 이뤘다! 칭찬받아서 기쁘다! 감사합니다! 이렇게 생각하면 되지 않을까요?"

"그렇게 간단한 문제가 아니에요. 항상 목표를 달성하면 모를까."

"좀 전에도 말했지만 그런 사람은 없어요. 완벽주의적 사고예요."

그의 말이 무슨 뜻인지는 이해했지만 완전히 동의할 수가 없었다. 완벽주의라고 말할 정도까진 아닌 것 같았다.

"사람은 하루아침에 변할 수 없어요. 조금씩 다르게 받아들이고 다르게 생각하면 어떻게 되는지, 다른 사람의 의견도 들어가면서 생각하는 작업을 시작해봅시다."

사고방식의 습관은 신경 세포와 밀접하게 연결돼 있다. 부정적인 사고와 긍정적인 사고를 할 때 신경 세포는 각각 다른 경로를 통해 흥분(전기 활동)하고 신경 전달 물질을 분비한다. 전류가 경로를 지나는 횟수가 많아질수록 그 경로는 쉽게 활동하게 된다. 근육 운동과 마찬가지로 훈련을 통해 경로를 단련시킬 수 있다. 무천도사는 긍정이 좋고 부정이 나쁜 것이 아니라 양쪽 경로를 균형 있게 사용하도록 단련해야 한다고 강조한다.

나는 여전히 마음 한구석이 개운치 않았지만 새로운 시도에 도전해보기로 했다.

"뇌의 컨디션이 치우쳐 있으면 다른 사람의 기분이 눈에 안 들어와요."

그 말에 가슴이 뜨끔했다.

"일시적 버그가 생긴 거라고 볼 수 있어요. 기분이나 생각이 특정 방향으로만 흘러가는 것이죠. 그러니까 조금씩 시야를 넓혀서 다양한 시점에서 생각하고 행동할 수 있게 해줘야 합니다."

아무 말도 못 하는 내게 그가 말했다.

"아까 말한 상사 말인데요. '굳이 칭찬까지 해주지 않아도 괜찮아요'라고 말하면 좋아할까요?"

"……"

"히나타 씨가 걱정돼서 주말에 어머니가 오셨다고 했죠? '엄마도 바쁠 텐데 나 때문에 미안해'라고 말하면 좋아하실까요?"

"둘 다 좋아하지 않겠지만 솔직히 죄송하다는 생각밖에 안 들었어요. 그건 지금도 마찬가지예요."

"마음이 부정적인 방향으로만 흘러가서 그래요. '와줘서 고마워. 덕분에 힘이 나'라고 말하는 편이 좋지 않을까요?"

"그러면 좋아하겠지만 그건 거짓말이잖아요."

"아니죠, 히나타 씨에게 소중한 사람을 떠올려봐요."

나는 엄마의 모습을 떠올렸다.

"그분의 건강이 안 좋다면 히나타 씨는 당연히 걱정됐겠죠. 그래서 상태를 보러 갔는데 신경 쓰게 해서 미안하다고 머리를 숙이면 어떨 것 같아요?"

말문이 막혔다.

"앞으로 그룹 치료에서는 방금 제가 한 것처럼 다른 사람의 의견을 참고할 수 있을 거예요. 조금씩 다른 의견을 참고하면서 어떻게 받아들여서 어떻게 생각하면 마음이 편했는지를 잘 살펴보도록 해요."

진료를 마치고 클리닉을 나올 무렵 나는 여러 가지 지적을 받은 탓에 어깨가 축 처져 있었다. 클리닉이 있는 건물에서 지하철역까지의 수백 미터의 거리가 너무나 길게 느껴졌다.

마음의 병을 앓고 있다는 사실은 알고 있었지만 지금까지 진정한 의미에서 이해하지 못하고 있었던 것 같았다. 오늘 진료에서 비로소 내가 어떤 상황인지를 확실히 자각할 수 있었다. 3개월이나 지났는데 여전히 제자리란 생각에 기운이 빠졌다.

첫 진료에서 "긴 싸움이 될 거예요"라고 하던 무천도사의 말이 떠올랐다. 정말 멀고 험한 길이었다. 과연 해낼 수 있을까 하는 두려운 마음과 여태까지 해온 노력을 생각하며 좀 더 버텨보자는 마음이 교차했다.

무천도사의 말에 따르면, 제대로 자신의 상태를 자각하는 순간부터 진짜 치료가 시작된다고 한다. 최악의 날이라고 생각한 이 날이 진정한 의미에서 출발점에 선 기념일이 될 지도 모른다. 늘 다정한 눈의 무천도사, 믿음직스러워 보이는 크리링과 피콜로를 믿어보는 수밖에 없었다.

집에 돌아와 노트를 펴서 오늘 진료에서 필기한 다섯 가지 항목을 읽어봤다.

★ 완벽주의에서 자신을 놓아주자.

★ 작은 실수를 큰 실수로 인식한다는 사실을 깨달아라.

★ 근거 없이 부정적인 결론을 상상하지 마라.

★ 스스로를 평가 절하하지 마라.

★ 생각하는 버릇을 바꿔라.

생각의 폭을
넓히는 법

다음 주부터 바로 그룹 치료를 시작했다. 그룹 치료를 하기 전에 먼저 무천도사와 이런저런 이야기를 나눴다. 약간 긴장한 내게 무천도사는 이렇게 말했다.

"뭐든 적당히 하면 돼요."

"적당히요?"

"어차피 세상 모든 일이 명확한 것은 없어요. 답을 찾거나 결정을 내리는 일 자체가 의미 없는 경우도 많고요."

"확실히 저는 적당히 대충 하지 못하는 편인 것 같아요."

"요즘에는 우리가 알던 상식도 계속 변하잖아요. 의학적으로는 약과 독의 경계도 불분명해요. 독성을 이용한 약도 있죠. 나라별로 법률도 다르고 기본 예절도 다르죠."

"심오한 얘기군요."

"목표치도 물론 달성하면 좋겠지만 적당히 해도 문제는 없어요."

"해야 할 일인데도요?"

"직원 대부분이 달성할 수 없는 목표를 설정한 쪽이 나빠요."

"그렇게 생각하면 편하긴 하겠어요."

"선과 악, 옳고 그름, 흑백으로 나누려고 하면 불확실한 부분이 스트레스가 돼요. 스트레스를 받으면 '그래야 한다는 생각'에 사로잡히기도 하니까 우선 세상만사 적당히 하면 된다는 생각을 가져봐요."

"네. '적당히' 살도록 최선을 다해 노력해볼게요."

"아니, 완벽한 '적당히'가 아니라 적당한 '적당히'가 좋아요."

"적당한 '적당히'요? 무슨 말인지 잘 모르겠어요."

"목표를 위해 노력하지 말라는 뜻이 아니에요. 백 점 만점을 목표로 삼지 않아도 된다는 말이죠. 우선 여기서부터 시작합시다."

그 말에 조금 힘을 얻은 나는 고개를 끄덕였다. 그는 말을 이어갔다.

"지난번 진찰에서 근거 없는 나쁜 결론에 관해 이야기했죠."

"네, 그건 정말 나쁜 버릇인 것 같아요."

"자, 여기서 퀴즈!"

"또 퀴즈요?"

"농구를 하는데 몇 번이나 계속 슛이 빗나가다가 절호의 기회가 찾아왔어요. 공을 받은 순간, 히나타 씨라면 무슨 생각을 할까요?"

"음…… 또 안 들어가면 어쩌지?"

"땡!"

"역시 틀렸나요?"

"이렇게 자연스럽게 떠오르는 생각이나 이미지를 '자동 사고'라고 해요. 자동 사고를 보면 생각하는 버릇을 알아낼 수 있어요."

"그렇군요. 부정적인 생각을 하는 버릇이 있다는 거죠?"

"맞아요! 자신의 사고 습관을 알고 어떻게 바꿔야 좋을까 훈련하는 거예요."

"방금 얘기한 농구 경기에서는 어떻게 생각하면 좋을까요?"

"사실 이건 유명한 농구선수의 실제 경험이에요. 슛을 할 때마다 '안 들어가면 어쩌지'라는 생각에 계속 실패하거나 슛을 던지지도 못했다고 해요. 그때 생각을 바꿔야겠다고 깨달은 거죠."

"'다음에는 꼭 넣어야지'라는 식으로 생각하라는 거죠?"

"그것도 나쁘진 않아요. 하지만 아까도 말했지만 세상만사는 적당한 게 좋아요. 정답은 '다음 슛은 들어갈지도 몰라'예요."

"아, 그렇구나."

"그렇게 생각하면 어깨에 힘을 뺄 수 있어요."

"네, 그런 식으로 생각해볼게요."

"그리고 만에 하나 실패하더라도 자신의 탓으로 돌리지 않고 마음을 다잡을 수 있으면 하산이죠. 하하하. 그럼 오늘 그룹 치료 잘 받아요."

등을 떠밀리듯 나는 진찰실 안쪽 문을 열었다. 커다란 창으로 방 안 가득 들어오는 밝은 햇빛이 나를 감쌌다. 나는 천천히 앞으로 발을 내딛었다.

오늘의 노트 정리는 다음과 같다.

★ 적당히 해도 된다.

★ '그래야 한다'는 생각에서 벗어나라.

★ 불확실함을 허용한다.

★ 무슨 일이든 내 탓으로 돌리지 않는다.

★ 다음 숯은 들어갈지도 모른다.

그룹 치료는 이미 시작된 상태였다. 열 명가량의 남성과 두 명의 여성이 앞을 보고 앉아 있었다. 진행자로 보이는 한 남자가 화이트보드에 무언가를 쓰고 있고 피콜로와 크리링은 옆에서 상황을 지켜보고 있었다. 나를 보더니 뒤쪽 의자에 앉으라고 손짓했다. 다들 서로 활발하게 의견을 나누고 있었다.

커다란 화이트보드는 오른쪽부터 상황, 기분, 자동 사고, 근거, 반증, 적응적 사고, 기분 순으로 나뉘어 있었다. 남자는 그 항목을 채우고 있는 모양이었다. 피콜로가 내게 다가와 각 항목에 무엇을 적어야 하는지 소근소근 설명해주었다.

- 상황: 기분이 변할 만한 사건이 일어난 상황을 되도록 구체적으로 자세히 적는다.
- 기분: 기분이 어떻게 우울했는지 혹은 좋아졌는지를 키워드(자책, 후회, 불안, 기쁨 등)와 수치로 표현한다.
- 자동 사고: 기분이 변했을 때 떠오른 생각과 이미지를 있는 그대로 상세하게 쓴다.
- 근거: 그렇게 생각한 근거(자동 사고를 뒷받침하는 사실)를 적는다.
- 반증: 그 생각이 반드시 옳은 것은 아닐 수 있는 이유(자동 사고와 모순되는 사실)를 적는다.
- 적응적 사고: 어떻게 다르게 생각하면 좋았을 지를 다양한 각도에서 생각한다.
- 기분: 기분이 어떻게 달라졌는지를 키워드와 수치로 표현한다.

화이트보드를 보니 주제는 '버스에서 어르신에게 자리를 양보하지 못해서 마음에 걸린 경우'였다. 가만히 보고 있는 사이에 남자는 각 항목을 빼곡히 채워갔다.

- 상황: 아침에 혼잡한 버스에서 앉아 있는 내 앞에 어르신 한 분이 서 있었다.
- 기분: 자책 80%, 후회 90%
- 자동 사고: 내가 자리를 양보했어야 했다(그래야 한다는 생각). 양보를 안 하다니 도덕성이 떨어지는 인간이다. 그 어르신은 자리를 양보하길 바랐을 것이다.
- 근거: 도덕적 의무를 지켜서 양보할 수 있었다.
- 반증: 자리를 양보해도 어르신이 기뻐하지 않았을 수 있다. 양보하길 바랐는지 아닌지 판단하기는 어렵다. 몸이 불편해 보였다면 당연히 양보했을 것이다. 양보하고 싶다는 마음은 있었다.
- 적응적 사고: 자리를 양보해도 어르신이 사양하거나 반대로 언짢았을 수도 있다. 항상 있는 일이라 서서 가는 일에 익숙했을지도 모른다. 나쁜 짓을 한 것은 아니다. 양보하려고 상황을 봤을 때 건강해 보이셨으니 괜찮다.
- 기분: 자책 60%, 후회 30%

남자가 필기를 끝내자 모두 이 상황을 어떻게 받아들이고 그 밖에 어떤 생각을 할 수 있는지 적극적으로 논의하기 시작했다. 그룹 치료에는 이미 복직했지만 예방 차원에서 컨디션을 관리하려고 온 사람, 치료를 받는 중인 사람, 나처럼 막 치료를 시작한 사람 등 다양한 단계의 사람이 섞여 있었다. 평소에는 절대 마주칠 일 없는 대기업의 임원과 신입사원으로 보이는 청년이 함께 의견을 나누는 모습이 흥미로웠다.

다들 익숙한 듯 치료는 척척 진행되었다. 피콜로와 크리링은 가끔 조언을 하는 정도였다. 물론 중요한 요점을 짚어줘서 감초 역할을 톡톡히 했다. 나 역시 처음에는 어색했지만 곧 마음을 열고 참여하기 시작했다. 그룹 치료는 치료의 과정인 동시에 배움의 장이었다. 또 자신을 그대로 드러내 보일 수 있는 중요한 자리이기도 했다.

그룹 치료에 참여할 때마다 나는 무천도사가 한 말을 떠올렸다.

"인식이 변하면 행동이 변합니다. 컵에 반쯤 든 물을 반 밖에 없다고 생각하면 초조해지죠. 하지만 반이나 남았다고 생각하면 여유가 생겨요. 이런 생각의 차이가 행동의 차이를 만들어요. 행동을 반복하다 보면 습관이 되고 습관이 변하면 성격이 변해요. 성격은 습관에 따라붙는 이름표 같은 것이죠."

어느 날 화이트보드에 이런 글이 쓰여 있었다.

• 상황: 휴직한 지 두 달이 지났다. 복직을 목표로 일주일에 6일은 복귀 프로그램에 참여하고 있다.

- 기분: 자책 80%, 초조함 90%
- 자동 사고: 일을 하지 않는 나는 쓸모 없는 존재다(나는 아무것도 하지 않는다). 어서 빨리 복직하지 않으면 생활이 어려워진다.
- 근거: 일을 쉬고 있다. 휴직이 길어지면 수입이 크게 줄어들 것 이다.
- 반증: 열심히 치료받고 있다. 감정을 조절하는 방법을 배우고 있 다(업무에 도움이 된다). 아직 유급 휴가이므로 당장 생활에 지장 은 없다.
- 적응적 사고: 일을 계속하기 위한 치료에 전념하고 있으니 아무 것도 하지 않는 것은 아니다. 지금 하는 치료는 업무에도 도움이 되고 나 자신을 알 수 있는 최고의 기회다. 생활에 지장이 없으니 초조해하지 말고 차근차근 나아가자.
- 기분: 자책 50%, 불안 40%

이 글을 읽으면서 나 자신과 같은 불안을 안고 있는 사람이 많으 며, 그것이 잘못은 아니지만 다르게 생각할 수도 있다는 사실을 배 웠다. 그룹 치료로 얘기를 나누면서 나는 조금씩 마음의 안정을 찾 아갔다.

그날의 깨달음을 노트에 다음과 같이 정리했다.

★ 상황 → 기분 → 자동 사고 → 근거 → 반증 → 적응적 사고 → 기분 순으로 여러 각도에서 나의 생각과 기분을 점검한다.

★ 인식이 변하면 행동이 변한다.

행동이 변하면 습관이 변한다.

습관이 변하면 성격이 변한다.

★ 반 밖에 없다. → 기분(초조)

반이나 남았다. → 기분(여유)

행동하지 않으면
바뀌지 않는다

그룹 치료는 일주일에 2회 정도 꾸준히 참여했다. 마인드풀니스와 자율 훈련법, 코핑은 물론이고 식사, 운동, 수면에도 꼼꼼히 신경 썼다. 또 무천도사와의 개인 진료도 계속하며 마음의 버그를 수정할 수 있는 다양한 요령을 배울 수 있었다.

"인식의 문제는 마음에 버그가 생긴 것과 같아요. 심각해지면 시스템이 멈춰버리니까 빨리 수정하고 다시 설치해야 해요."

생각의 오작동을 인지할 수 있는 요령은 무엇보다 긍정이나 부정 어느 한쪽에 치우치지 않는 데 있었다. 무천도사는 열변을 토하며 말했다.

"자기 자신을 객관적으로 보는 일이 제일 중요해요."

"머리로는 알지만 실제로 그렇게 하기가 너무 어려워요."

"효과적인 방법을 하나 알려 줄게요. 1년 전 나라면 어떻게 생각할까? 5년 후의 나라면 어떻게 생각할까? 과거와 미래의 시점에서 생각해보는 거예요."

역시 도사다. 나는 메모하면서 그런 생각을 했다.

"아니면 내가 소중히 여기는 친구나 가족이 지금의 나와 똑같은 말을 한다면 뭐라고 조언할까? ○○씨라면 어떻게 생각할까? 이런 식으로 다른 사람의 입장에서 생각해보는 것도 좋아요."

"현재의 자신에게서 한 발 떨어져 생각해보라는 말이군요."

"그렇죠! 히나타 씨는 역시 흡수력이 좋아요. 꼭 아기 기저귀 같아."

과연 무천도사는 칭찬하는 방식도 평범치 않았다.

또 하나 무천도사가 강조한 것은 '자기 긍정감'이었다.

"마음에 병이 들면 그러지 않으려고 해도 자꾸 스스로를 부정하게 되는 시기가 있어요. 나는 쓰레기야, 뭘 해도 안 돼, 살 가치가 없어⋯⋯. 이런 식으로요."

"네, 저도 경험한 적 있어요."

내가 고개를 끄덕이자 그가 말했다.

"자기 부정의 시기를 극복해내는 비법이 바로 자기 긍정감이에요. 자신이 가치 있는 존재라 생각하고 자신의 가능성을 믿는 거죠."

"말은 쉬워도 실제로 자기 긍정감을 갖기는 쉽지 않잖아요."

경험자로서 통감한 부분이었다. 스스로 부정적 생각의 소용돌이로 들어가고 있는 것을 알아도 막상 헤쳐 나오기는 쉽지 않았다.

"어렵지 않아요. 다른 사람하고 비교하지 않으면 돼요."

"한마디로 정리되네요."

"'나는 안 돼 → 나는 최고야'로 극단적으로 자신을 추켜세우라는 게 아니에요. '그렇게 최악은 아니야' 정도로 객관적인 중립 상태로 끌어올리는 것이죠. 입으로 소리 내어 나 자신에게 말을 거는 것도 좋은 방법이에요."

"소리 내서요?"

"네, 말로 하는 거죠. 그렇게만 해도 어둠이 잠식하는 일은 없을 거예요."

정말 그럴까 미심쩍어 하는 내게 그가 말했다.

"'긍정적 확언affirmation'이라는 방법이에요. 마인드풀니스와 마찬가지로 기분이 우울할 때 시도해봐요."

나는 손에 든 펜을 고쳐 잡았다.

"긍정적 확언은 자기 자신에 대한 긍정적 선언 같은 거예요."

"긍정적 선언이라고요?"

"말에는 마법 같은 힘이 깃들어 있어요. 운동 선수가 초등학교 때 쓴 작문에서 선언한 대로 꿈을 이뤘다는 이야기 들어본 적 없어요?"

"있기는 하지만 스포츠 선수는 좀 특수한 경우라고 생각했어요."

"선언했다고 해서 다 꿈을 이루는 건 아니지만 꿈을 이룬 사람은 선언했기 때문에 이룬 거예요."

"그럴까요?"

"선언한 순간부터 몸과 마음이 그 방향으로 움직이거든요. 그러니까 마음속 버그를 잡는 데도 틀림없이 효과적일 거예요."

"하지만 뭘 어떻게 선언해야 할지 모르겠어요."

내가 곤란해하자 그는 더 구체적인 사례를 들어 설명했다.

"히나타 씨가 하고 있는 영업을 예로 들어볼게요. 지금 마음 속은 무섭다, 실패한다, 무리다, 괴롭다, 문전박대 당할 것이다 등과 같은 부정적인 선언으로 꽉 차 있어요. 몸도 마음도 방문 영업에 등을 돌리고 도망치고 있는 것이죠. 부정과 회피의 상태를 바꾸려면 일부러 입으로 소리를 내서 몸에 새겨야 한다는 말이에요."

"시범 한 번만 보여주세요."

"나는 영업 일이 즐겁고 좋다! 간단하죠?"

"자기 암시 같은 것이군요."

"나는 영업이 특기면 좋겠다, 방문 영업은 내 특기다. 이런 식으로 할 수도 있죠. 그냥 입으로 소리만 내는 게 아니라 나에게 다정하게 말을 걸듯이 해줘요."

그 말을 따라 스스로에게 다정하게 말을 걸었다.

"나는 방문 영업이 즐겁고 좋다, 나는 방문 영업이 즐겁고 좋다. 나는, 방문 영업이, 즐겁고, 좋다……."

천천히 암시를 걸 듯 말하는 것이 좋겠다는 생각을 하고 있는데 때마침 무천도사가 말했다.

"긍정적 확언은 천천히 말하는 편이 효과가 있어요."

마치 짠 것처럼 생각이 일치하자 나는 웃음이 터졌다.

그리고 노트에 다음과 같이 적었다.

★ 1년 전의 나라면, 5년 후의 나라면, ○○씨라면 어떻게 생각할까
  생각해본다.

★ 소중한 사람에게 조언한다면 어떻게 말할지 생각해본다.

★ 자기 긍정감을 키운다.

★ 다른 사람과 비교하지 않는다.

★ 긍정적 확언을 활용한다(~하는 것이 즐겁다, ~해도 좋다).

"마지막으로 적극적 휴식active rest이 중요해요. 몸을 움직여서 스트레스 상태를 완화하는 방법입니다. 걷기나 수영, 스트레칭을 해도 좋고 마사지를 받아도 좋아요."

나는 지하철에서 컨디션이 안 좋아졌을 때를 떠올리며 대답했다.

"하지만 컨디션이 안 좋으면 어떤 일에도 관심이 안 생기고 아무것도 하고 싶지 않아요."

"무리할 필요는 없어요. 그래도 집안일이나 걷기 정도는 할 수 있지 않을까요?"

"할 수 있는 범위 안에서 무리하지 말고 움직이라는 말씀인가요?"

그는 고개를 끄덕이며 왕꿈틀이를 봉지채 내게 내밀었다.

"하나 먹어요."

나는 봉지를 뒤적여서 젤리 하나를 꺼냈다. 대왕꿈틀이는 아니었지만 여전히 맛있었다. 컨디션이 좋지 않아서 조금 움직이는 것도 효과가 있다는 뜻인가?

혼자 납득하며 노트에 다음과 같이 적었다.

★ 적극적 휴식을 실천하자.

★ 걷기나 수영, 스트레칭을 하자.

★ 마사지를 받으러 가자.

★ 무리하지 않는 범위에서 움직이자.

★ 집안일을 하자.

다만 오작동이라는 사실을 알았다고 해서 부정적 사고가 저절로 사라지지는 않았다. 하나도 좋아지지 않는 것 아닌가 하는 생각에 우울해지기도 했다. 하지만 프로그램이 점점 정상적으로 돌아가는 느낌이 들기 시작했다. 모르는 새 마음속 버그가 조금씩 고쳐지는 것 같았다.

완벽하지 않아도 괜찮아요!

우울 상태의 사람은 스스로를 자책하고 괴롭히는 경우가 많습니다. 이번에 실패한 것은 전부 내 탓이다, 내가 능력이 부족해서다, 내 행동에 문제가 있었다 등 자신을 부정하고 가치 없는 존재라고 여기는 생각의 덫에 빠지고 맙니다. 하지만 한걸음 떨어져서 보면 전혀 다른 측면이 보일 거예요.

혹시 당신이 저절로 부정적으로 생각하는 버릇을 갖고 있는 것은 아닐까요? 인식은 행동을 만들고 행동은 습관을 만듭니다. 그리고 습관이 변하면 성격도 변한다는 사실을 잊지마세요.

마음은 항상
햇볕 아래

화창한 일요일 아침, 베란다에서 엄마가 빨래를 널고 있다. 나는 생선 구이와 김치, 낫토, 된장국에 샐러드를 곁들인 나름 풍성한 아침을 준비했다. 1년 전 내가 클리닉에 다니기 시작했을 무렵부터 엄마는 한 달에 한두 번 주말에 집에 왔다.

"청소하러 왔어."

그렇게 말씀하시며 어젯밤에도 갑자기 문을 열고 들어왔다. 현관 비밀번호는 오래 전부터 외우고 있었다.

"엄마, 왔어? 내 걱정돼서 온 거야? 고마워."

이제 입에서 이런 말이 자연스럽게 나왔다.

"처음에는 어떻게 되는 건 아닌지 걱정했어."

엄마는 이렇게 말했다.

"한동안 연락이 없길래 보러 왔더니 딱딱하게 굳은 무서운 얼굴로 혼자 앉아 있었잖아! 얼마나 놀랐는지 몰라."

"응, 그때는 정말 길을 잃은 느낌이었어. 이제는 기분을 조절할 수 있게 됐으니까 괜찮아."

지하철역에서 무천도사를 처음 만났을 때 나는 얼어붙은 광활한 대지를 혼자 쓸쓸하게 걷고 있었다. 하지만 지금은 따뜻한 방 안에서 엄마와 편안한 시간을 보내고 있다. 마음에 병이 들면 가까이 있는 소중한 사람의 온기도 느낄 수 없다는 사실을 실감했다.

아침을 먹고 나서 엄마와 백화점에 가기로 했다. 한가롭게 여유를 즐겨볼 생각이었다.

빨래를 다 널고 총총걸음으로 거실로 들어온 엄마는 식탁 위의 왕꿈틀이 봉지를 가리키며 물었다.

"히나타, 너 젤리를 좋아했던가?"

"요즘 왕꿈틀이에 완전히 빠져서 하루에 한 개씩 먹어."

엄마는 젤리를 서너 개쯤 꺼내서 한 번에 입에 넣었다.

"잠깐만, 지금 먹지는 마. 이제 밥 먹어야지. 그리고 먹기 전에 젤리 길이 확인 안 해?"

"길이? 다 똑같은 거 아니니?"

엄마는 식탁 위에 있는 작은 접시에 젤리 하나가 놓여 있는 것을 발견하고 손을 뻗었다. 나는 황급히 그 손을 막았다.

"이건 안 돼! 대왕꿈틀이란 말이야."

엄마와 젤리를 뺏는 실랑이를 벌이다 함께 웃음을 터트렸다. 아침밥을 먹으며 자연스레 대화는 어린 시절 이야기로 흘렀다.

"어릴 때는 '히나타'라는 이름이 너무 싫었어. 이름은 햇빛이 비추는 맑은 날이라는 뜻인데 성격은 어둡다고 맨날 놀림을 받았거든."

그렇게 말하자 엄마가 불쑥 말을 꺼냈다.

"내가 좋아하는 시 중에 〈마음에 태양을 품어라〉라는 게 있어. 마음에 태양을 품어라. 태풍이 불어도, 눈보라가 휘날려도. 이런 구절로 시작하는 시야."

"……"

"살다 보면 마음이 어둡고 우울한 시기도 있기 마련이거든. 그렇다고 그런 상태가 영원히 이어지는 건 아니야. 그치지 않는 비는 없다고 하잖니? 어둠에 가려 보이지 않아도 태양은 항상 우리 마음을 비춰주고 있는 거야. 그래서 결혼해서 딸을 낳으면 이름은 '히나타'라고 짓기로 결심했어."

"뭐? 그런 거였어? 아빠는 뭐라고 했는데?"

"음지보다는 낫네."

우리는 서로 얼굴을 보고 웃었다. 나는 그동안 마음속에 꼭꼭 가둬놓았던 말을 입 밖으로 꺼냈다.

"멋진 이름을 지어줘서 고마워."

엄마의 눈에 눈물이 살짝 맺혔다.

"우리 딸, 변했네."

클리닉을 다닌 지 어느덧 1년. 앞으로 더 좋은 날들이 많겠지만 잊을 수 없을 만큼 행복한 날이었다.

그 주 금요일, 나는 일을 마치고 무천도사의 클리닉을 찾았다.

"히나타 씨, 좀 어때요?"

"요즘 너무 좋아요. 이번 주도 목표를 달성하지 못했지만 어쩔 수 없죠. 그래도 스스로 잘 조절하고 있어요."

내 활기찬 대답에 그는 미소를 지으며 물었다.

"히나타 씨는 우리 클리닉에 올 때 목표가 있었나요? 우리 환자 대부분은 복직을 목표로 하고 있어요. 히나타 씨는 운 좋게 휴직까지 가기 전에 치료를 시작했지만요."

나는 우연히 무천도사를 만나서 정신과에 발을 들여놓았다. 본격적으로 치료를 시작할 때는 막연히 우울 상태를 벗어나고 싶다는 생각뿐이었다. 하지만 목표는 스트레스를 잘 조절하고 몸도 마음도 건강하게 사는 것이라는 점에서 다른 환자들과 크게 다르지 않을 것이다.

"단순히 회사에 다시 출근한다고 해서 진정한 의미의 복직이라고 할 수 없어요. 바로 다시 상태가 나빠지면 아무 의미가 없잖아요."

무천도사는 세 손가락을 들며 말을 이어갔다.

"그러지 않으려면 꼭 달성해야 하는 목표가 세 가지 있어요."

오랜만에 듣는 무천도사의 강의에 귀를 기울였다.

"첫째, 인간의 몸, 특히 뇌 신경계 시스템을 이해할 것."

"자기 몸에서 무슨 일이 일어나고 있는지 확실히 이해해야 한다고 처음부터 강조했죠."

내가 맞장구를 치자 그는 고개를 끄덕였다.

"둘째, 의욕과 기분, 사고를 스스로 조절할 수 있을 것."

내가 지난 1년 동안 노력해온 부분이었다. 머릿속에서 그동안의 일이 주마등처럼 지나갔다. 항상 나 자신을 모니터링하고 상황을 어떻게 받아들여서 어떻게 생각하면 마음이 우울해지지 않을까를 고민했다. 그렇게 나에게 맞는 '내 몸 사용 설명서'를 만들었다. 이 두 번째 목표가 얼마나 중요한 지는 뼈저리게 알고 있다.

"마지막 셋째, 재발 방지책을 세울 것."

"재발 방지책이요?"

"네, 또 우울 상태에 빠지지 않도록 업무 강도를 조절하거나 생활 리듬과 식생활을 신경 써서 건강을 유지해야 합니다. 덧붙여 스트레스를 쌓아두지 않도록 끊임없이 다양한 방법을 궁리해야 하고요."

그 말에 공감하며 나는 몇 번이고 고개를 끄덕였다.

"히나타 씨는 뇌 신경계 시스템을 이해하고 있나요?"

"지금까지 선생님께 이것저것 많이 배웠으니까요."

"의욕과 기분, 사고를 스스로 조절할 수 있고요?"

"그러기 위해 1년 동안 열심히 노력했는걸요."

"예전처럼 지하철에서 주저앉거나 하지 않을까요?"

"이제 그런 일은 없을 거예요."

무천도사는 아무 말없이 나를 가만히 바라봤다.

"왜 그러세요?"

"히나타 씨는 이제 관해 상태입니다."

"네?!"

관해 상태라는 말을 듣고 순간 숨이 멎었다. 그리고 몇 초 후 눈물이 흐르기 시작했다. 불안정했던 때처럼 멋대로 터져 나오는 눈물이 아니라 마음이 벅차서 흐르는 눈물이었다.

"저, 정말인가요?"

전혀 실감이 나지 않아서 겨우 목소리를 짜내 묻는 내게 그가 말했다.

"다음 예약은 잡지 않아도 돼요. 히나타 씨는 이제 괜찮아요."

가슴에 얹혀 있던 돌덩이가 사라지고 시원한 바람이 불어오는 느낌이었다. 대학 시절 테니스부 동아리에서 마지막 시합이 끝났을 때처럼 온몸의 힘이 빠졌다.

무천도사는 따뜻한 눈길로 나를 바라봤다.

"그래도 유지 관리 차원에서 오고 싶으면 언제라도 와요."

"환자한테 또 오라는 병원이 어디 있어요!"

나는 눈물 범벅이 된 얼굴로 웃으며 말했다.

"우리 클리닉은 재발하지 않아도 유지 관리를 위해서 다시 찾는 환자가 꽤 있어요. 복직해서 일하다가 다시 스트레스가 쌓여서 위험하다 싶으면 내원해서 그룹 치료를 받곤 해요."

"그렇군요."

"두세 번 그룹 치료를 하고 나면 요령이 생겨서 금방 기분을 관리할 수 있거든요. 그래서 다시 휴직하는 일은 없죠."

나는 그 말에 공감하며 말했다.

"저도 지금의 감각을 잊지 않도록 가끔 들를 게요."

"그리고 관해 상태까지 회복한 사람이 그룹 치료에 참여하면 좋은 모범이 되죠. 치료 중인 환자에게 고마운 일이에요."

그룹 치료에 참여했던 때를 떠올리며 힘주어 고개를 끄덕였다. 그리고 수많은 감정을 담아 '감사합니다'라는 말과 함께 머리를 숙였다.

"지야말로 감사합니다."

무천도사는 더 깊게 고개를 숙여 인사했다. 그리고 천천히 고개를 들며 말했다.

"우울 상태의 치료는 환자의 협조 없이는 불가능해요. 의사와 환자는 대등한 관계로 서로 믿고 소통해야 하죠. 히나타 씨에게 가끔은 심한 말도 했는데 그래도 잘 따라와줬어요. 관해 상태까지 올 수 있었던 것은 히나타 씨의 노력의 결과예요. 그래서 저는 항상 환자들에게 '감사합니다'라고 인사해요."

그가 진찰을 마치면 항상 감사하다고 인사하는 이유를 그제야 알 수 있었다.

"이거 기념으로 줄게요."

그가 왕꿈틀이를 하나 조심스럽게 내게 건넸다.

분홍색 젤리가 마치 앞으로의 인생을 축복해주는 듯했다. 나는 젤리를 손에 받아 들었다.

"그럼, 저도 하나 드릴게요."

나는 가지고 있던 왕꿈틀이 봉지를 뒤적여서 제일 긴 대왕꿈틀이를 꺼냈다.

"이거 드릴게요."

무천도사는 '고마워요'라며 그 자리에서 입에 쏙 집어넣었다. 나는 피콜로와 크리링에게도 감사 인사를 전하고 1년 동안 신세를 진 클리닉을 나섰다.

지하철역을 향해 발걸음을 옮기며 나는 긴 치료 과정을 되짚어 봤다. 무천도사 클리닉에서는 특별한 기계를 이용하거나 약을 쓰지 않았다. 우선 치료의 시작은 자기 자신을 모니터링하는 것이었다. 어떤 상황에서 어떤 스트레스를 받는지, 이 스트레스를 어떻게 하면 줄일 수 있는지를 곰곰이 생각하고 코핑을 실천했다. 이때 단순히 기분만 전환하는 방법이나 기분을 고조시키는 방법, 단 음식을 먹는 방법은 조심해야 한다.

또 과거와 미래에 대한 걱정에 갇혀 스트레스를 받지 않도록 '현재'에 집중하는 마인드풀니스와 자율 훈련법, 실황 중계 방법도 실천했다. 정동성 호흡을 행동성 호흡으로 바꾸는 호흡법은 마음의 안정을 찾는 데 큰 도움을 주었다.

생활 속에서 꼭 실천하고자 한 것은 일찍 자고 일찍 일어나기다. 올바른 수면 습관을 위해 오렌지색 선글라스 쓰기와 밤에 스마트폰 보지 않기 그리고 아침 햇살 쏘이기도 지키려 노력했다.

식사는 장 건강을 위해 발효 식품을 되도록 익히지 않은 상태로 매일 두 종류 이상 먹고 식이 섬유를 섭취하려 했다. 또 알파리놀렌산과 DHA, EPA 섭취를 위해 등 푸른 생선과 호두, 치아시드를 섭취했다. 하루에 스무 가지 이상의 음식을 골고루 먹고 한 번에 30회 이상 씹는 것을 목표로 했다. 지키지 못할 때도 있었지만 가능한 맞춰 먹으려 노력했다.

또한 세로토닌 분비를 위해 운동도 시작했다. 걷기를 일상화하고 숨이 가쁠 정도의 운동을 3~40분가량 한 후 자기 전에는 스트레칭을 했다. 무천도사는 욕조에 몸을 담그는 것을 권했다. 마지막으로 무너진 인지 능력을 개선하기 위해 몇 번이고 인지 행동 치료를 반복했다. 내 경우에는 긍정적 확언도 꽤 효과가 좋았다.

한약을 먹긴 했으나 생활 리듬을 바로잡고 식생활과 운동에 신경 쓰면서 생각의 폭을 넓히는 훈련을 꾸준히 해서 건강을 되찾았다. 무천도사의 도움과 나 자신의 노력이 드디어 열매를 맺은 것이다.

이런 생각을 하며 뒤를 돌아보니 클리닉 창문에서 나를 향해 손을 흔드는 무천도사와 피콜로, 크리링의 모습이 보였다. 집에 돌아온 나는 작은 접시를 하나 꺼냈다. 아까 받은 분홍색 꿈틀이를 접시에 올려놓고 작은 목소리로 말했다.

"정말 감사합니다."

조금 긴 맺음말

가메히로 사토시

정신과 전문의 / 보봇 메디컬 클리닉 원장

2008년 7월 후쿠오카에서 열린 우울증 학회의 마지막 강연은 아직까지 제 기억 속에 생생하게 남아 있습니다. 강사는 전설적인 정신과 전문의 간다바시 조지 선생님이었습니다. 간다바시 선생님을 볼 기회가 많지 않았으므로 저는 맨 앞줄에 자리를 잡았습니다. 제 옆으로는 수많은 저명한 의사들이 줄지어 앉아 있었습니다. 마치 비틀스와 롤링스톤스, 엘비스 프레슬리를 동시에 눈앞에서 보는 것 같았습니다.

감탄을 마지 않는 제 앞에 간다바시 선생님이 강단에 올랐습니다. 그리고 조용하지만 힘 있는 목소리로 이렇게 말했습니다.

"이틀간 우울증 치료에 관한 많은 강연을 들었습니다. 그렇지만 어느 강연에서도 어떻게 치료를 끝내는지는 다루지 않았습니다."

그 말은 저에게 큰 충격으로 다가왔습니다. 현재 정신과 치료가 직면한 가장 중요한 문제를 지적한 것입니다. 최근 정신과 환자는 기하급수적으로 늘어났고 정신과 약을 복용하는 사람도 쉽게 만날 수 있습니다. 하지만 대체 언제 약을 끊어야 하는 걸까요? 언제 회복되어 다시 재발할 가능성이 없어지는 걸까요? 이날 이후로 정신과 의사로서 저는 '재발률 0퍼센트의 온전한 회복'을 목표로 삼았습니다.

그래서 도달한 것이 가능한 약에 기대지 않고 치료하는 방법이었습니다. 저희 클리닉은 항불안제와 수면제를 거의 처방하지 않습니다. 항우울증제를 처방한 환자는 최근 7년간 두 명 뿐이었습니다. 기분을 안정시키는 효과가 있는 비정형 항정신병약이나 기분 안정제를 일시적으로 사용하기도 하지만 최종적으로는 약을 먹지 않도록 줄여나갑니다. 약에 의존하기보다 생활 지도를 통해서 뇌의 상태를 안정시키고 인지 능력을 바로잡기 위한 상담을 진행합니다. 그리고 대인관계에 초점을 맞춰 구체적으로 개입합니다.

"생활 습관이나 사고방식을 바꾼다고 정말 지금 느끼는 괴로움에서 해방될 수 있을까요?"

치료 초기에는 많은 환자가 이렇게 의심합니다. 이런 망설임을 없애주는 존재가 바로 그룹 치료에 참여하는 많은 선배 환자입니다. 그들의 회복을 지켜보면 망설임이 점차 사라집니다. 그렇게 치료 종결을 향해 스스로 방향을 잡고 의욕적으로 앞으로 나아갈 수 있습니다.

정신과에서 정확한 진단과 치료가 무엇보다 중요한 것은 부인할 수 없습니다. 그런데 의외로 많은 사람이 다른 환자의 이야기에서 큰 위로와 깨달음을 얻는 경우를 종종 볼 수 있습니다. 환자가 풀어내는 이야기와 대화를 근거로 하는 의료를 서사 중심 의학narrative-based medicine이라고 합니다. 서사 중심 의학은 환자가 안고 있는 다양한 문제와 개인적인 배경, 가치관을 공유하는 치료입니다. 저 역시 환자를 상담하다 보면 개인의 경험을 함께 나눌 때 환자가 자신의 상태를 더 잘 이해하고 받아들이는 모습을 종종 발견하곤 합니다.

과학적 근거(증거)를 바탕으로 하는 근거 중심 의학evidence-based medicine은 의료의 기본이지만, 어렵고 민감한 정신적 문제를 더 가깝게 느끼고 이해하기에는 이야기가 좀 더 도움이 됩니다. 그것이 이 책을 쓰게 된 계기입니다. 쉽고 친근하게 환자의 상태를 알리고 치료법을 소개하는 방법으로 스토리텔링이 적합하다고 생각했습니다. 이야기 구성은 정신 건강 세미나 강사이자 저의 고등학교 동창이기도 한 나쓰카와 작가님이 맡아주었습니다. 제가 운영하는 클리닉을 배경으로 '히나타'라는 가상의 주인공의 치료 과정을 보여주는 색다른 방식입니다. 거기에 저의 의사로서 경험과 지식을 조합하여 픽션과 논픽션을 오가며 흥미롭게 정신과 치료의 모습을 체험할 수 있도록 했습니다. 대화 형식을 통해 치료 원리를 이해할 수 있도록 이야기를 전개했습니다. 사실 저는 지하철역에서 주저 앉은 사람에게 클리닉에 오라고 권한 적은 없습니다. 치료 중에 젤리를 먹지도 않습니다. 농담은 가끔 합니다만 어쩌면 좀 딱딱하게 느껴지는 평범한 클리닉입니다.

다시 말해 주인공의 이야기를 바탕으로 하고 있지만 정신과 전문의로서 제 자신의 의학적 관점을 투영했기에 일반적인 개인 투병기와는 분명한 차이가 있습니다. 근거 중심 의학과 서사 중심 의학을 조화롭게 융합한 이야기를 통해 우울 상태로 괴로워하는 많은 사람에게 도움이 되기를 바랍니다.

이렇게 정신과 진료를 받고 회복한 후에도 문제는 또 있습니다. 바로 주변 사람의 편견입니다. 본문에서도 다뤘지만 복직하려는 환자의 직장 상사는 다시 재발하지 않을지 어떻게 확신하냐며 따져 물었습니다. 현실에서도 그와 비슷한 경우가 종종 발생하곤 합니다.

"생활 지도와 호흡법으로 우울증이 나을 수 있어요? 그렇게 해서 나으면 누가 고생을 해? 계속 약을 먹어야죠!"

복직을 위한 면담에서 사내 보건의가 갑자기 화를 낸 적도 있었습니다. 길고 힘든 치료를 마친 환자에게 칭찬은 못할 망정 예상치도 못한 공격을 하니 당황스럽기 그지없습니다. 그런데 놀랍게도 1~2년이 지나면 인사부에서 다른 직원을 소개하기도 하고 의심하던 상사가 갑자기 "사실 우리 딸도 정신과에 오래 다녔는데 별 효과가 없다"며 상담해 오는 일도 있습니다. 시간이 지나고 나서야 비로소 치료 효과를 알아차리기 시작하는 것입니다.

물론 저는 약을 처방하는 정신과 치료를 전부 부정하려는 생각은 없습니다. 우울증에는 항우울제가 효과가 있고 다른 약이 필요한 경우도 분명 있습니다. 또한 넘쳐나는 환자로 힘겨운 의료 현장에서 몸 바쳐 일하는 동료 의사들을 무척 존경합니다. 단지 너무 약에만 의존하는 환자를 수없이 만나면서 힘들더라도 근본적인 원인을 치료해 가면 좋겠다고 생각했습니다. 또한 이 책에서 주인공이 배운 치료법 이외에도 훨씬 다양한 방법이 존재합니다. 이 책을 계기로 자신의 문제를 인지하고 정신과 치료에 관심을 가지는 사람이 하나라도 늘어나기를 바라는 마음입니다. 무엇보다 정신과를 찾는 분께 하고 싶은 말은 치료 과정이 쉽지 않다는 것입니다. 나를 오랫동안 괴롭히던 정신적 문제를 직면하는 일이 간단할 리 없습니다. 더구나 사고방식과 생활 습관을 바꾸는 과정에는 상상도 하지 못할 만큼 어려운 시련이 도사리고 있을지 모릅니다. 그러나 온전히 치료를 끝내고 회복한다면 분명히 좀 더 건강하고 만족스러운 삶을 살아갈 수 있습니다.

　마지막으로 항상 저를 지지해주는 아내와 아이들에게 고마운 마음을 전하고 싶습니다. 우울증 치료의 심오함과 재미를 가르쳐준 은사님께도 감사드립니다. 저희 치료 방식을 이해하고 지지해준 협력 회사의 경영자, 인사 담당자, 사회 보험 노무사, 산업 보건의를 비롯해 산업 보험 직원분들도 모두 감사합니다. 또 크리링과 피콜로로 등장해 감수 작업까지 도와준 작업 치료사 아리타 가즈히토

씨와 스미 고이치 씨를 포함해 매일 환자들의 건강 관리는 맡아주는 간호사 무라이 치에 씨에게도 감사를 표합니다. 케이스워커, 심리 상담사, 그 밖에 많은 의료 팀원도 모두 고맙습니다. 앞으로도 다 같이 힘을 모아 한 사람이라도 더 온전한 회복으로 이끌기 위해 매진합시다.

마음이 불안하고 우울해서 정신과 방문을 생각하는 분, 두렵지만 처음 정신과 치료를 시작하는 분, 혹은 장기간 치료를 받고 있는 분을 포함해 모든 분들이 진정한 회복에 이를 수 있기를 진심으로 기원합니다.

감사합니다!

부록

현재에 집중하는 방법

나에게 맞는 코핑 찾기

서캐디안리듬 안정시키는 법

우울할 때 먹는 음식

우울에서 벗어나기 위한 운동

부정적인 사고 습관을 바꾸는 법

현재에 집중하는 방법

• **호흡법:** 호흡은 내쉬기부터 시작

호흡에 의식을 집중하고 6초 내쉬고 3초 들이마시기를 반복한다.

마음속으로 '숨을 내쉰다, 들이마신다'라고 말하면 쉽게 집중할 수 있다.

• **자율훈련법:** 팔다리, 호흡, 심장, 배, 이마에 의식을 집중시키기

양팔, 양다리가 무겁다.

양팔, 양다리가 따뜻하다.

호흡이 안정적이다.

심장이 천천히 뛴다.

배가 따뜻하다.

이마가 차갑다.

• **실황중계법:** 자기 행동을 실황으로 중계하듯이 말하는 방법

머릿속 사고와 감각, 행동을 일치시키는 싱글 태스킹.

걸으면서 '나는 걷고 있다. 오른발 왼발 오른발 왼발'이라는 식으로 마음

속으로 자기 행동을 중계한다.

나에게 맞는 코핑 찾기

코핑이란?

일상에서의 스트레스 해소법

- **셀프 모니터링:** 자신이 언제 어떤 일에 스트레스를 받는지 객관적으로 관찰한다.
- **스트레스 관찰:** 나의 스트레스 정도를 수치로 표현한다.
- **스트레스에 맞는 해소법 찾기:** 다양한 해소법을 생각해보고 각각의 스트레스에 맞추어 적당한 해소법을 찾는다.
- **스트레스가 줄었는지 평가하기:** 스트레스가 줄지 않았다면 다른 해소법을 적용해본다.

서캐디안리듬 안정시키는 법

서캐디안리듬이란?

24시간을 주기로 하는 생체리듬

서캐디안리듬에 이상이 생기면 우울증과 같은 기분 장애 발생 확률이 높아진다.

- 수면 시간과 상관없이 매일 정해진 시간에 일어난다.
- 아침에는 반드시 햇빛을 쬔다.
- 해가 진 이후에는 블루라이트에 노출되는 시간(컴퓨터와 스마트폰 사용)을 피한다.
- 너무 늦게 자지 않는다.

우울할 때 먹는 음식

발효 식품

김치, 젓갈류, 낫토, 피클, 장아찌, 쓰케모노(채소절임), 요구르트, 치즈, 간장, 된장, 고추장, 두반장, 우롱차, 홍차, 감주, 초누룩, 나타드코코 등

오메가3 지방산

ALA(알파리놀렌산)을 함유한 식품: 호두, 치아시드, 아마유, 들기름

DHA, EPA를 함유한 식품: 청어, 고등어, 방어, 꽁치, 정어리, 전갱이, 참치, 게, 굴

식이 섬유

현미, 발아미, 옥수수, 콩, 팥, 고구마 토란, 곤약, 우엉, 머위, 셀러리, 아스파라거스, 표고버섯, 느타리버섯, 팽이버섯, 미역, 한천, 우무, 바나나, 참외 등

우울에서 벗어나기 위한 운동

• 매일 30분씩 가볍게 숨이 찰 정도로 걷는다.

• 자기 전에 욕조에 몸을 담근다.

• 스트레칭을 한다.

— 목에 의식을 집중해서 좌우로 기울이기

— 어깨에 의식을 집중해서 앞뒤로 돌리기

— 상반신에 의식을 집중해서 손을 깍지 끼고 위로 올리기

— 등에 의식을 집중해서 몸을 앞으로 숙이기

— 몸통에 의식을 집중해서 좌우로 비틀기

부정적인 사고 습관을 바꾸는 법

• 나도 모르게 부정적으로 생각하고 있지 않은지 나의 생각과 기분을 점검한다.

• 자기 긍정감을 갖는다.
  자기 부정의 상태에서 '최악은 아니다'라는 객관적인 중립 상태로 끌어올린다.

• 긍정적 확언(자기 자신에 대한 긍정적 선언)을 활용한다.
  소리를 내어 자신에게 긍정적인 말을 건넨다.

• 적극적인 휴식을 취한다.
  걷기나 스트레칭, 마사지 등 무리하지 않는 범위에서 몸을 움직인다.

피곤한 게 아니라 우울증입니다

마음의 병이 찾아온 평범한 직장인의 정신과 이야기

1판 1쇄 펴냄 2020년 11월 10일

지은이   가메히로 사토시, 나쓰카와 다쓰야
옮긴이   이은혜

출판등록 제2016-00241호(2016. 8. 2)
주소   16849 경기도 용인시 수지로113번길 15 206동 605호
전화   070-4063-6926
팩스   02-6499-6926
이메일   kyrabooks823@gmail.com
ISBN   979-11-90783-00-2 (03180)

이 도서의 국립중앙도서관 출판예정도서목록(CIP)은 서지정보유통지원시스템 홈페이지(http://seoji.nl.go.kr)와
국가자료공동목록시스템(http://www.nl.go.kr/kolisnet)에서 이용하실 수 있습니다.(CIP2020044070)